ÁNGELES SANADORES

Patricia Papps

ÁNGELES SANADORES

*Cómo entrar en contacto
con nuestra luz interior*

U R A N O

Argentina – Chile – Colombia – España

Estados Unidos – México – Perú – Uruguay – Venezuela

Título original: *Heal Yourself with Angels*
Editor original: Llewellyn Publications, Woodbury, Minnesota
Traducción: Marta Torent López de Lamadrid

1.ª edición Noviembre 2014

Copyright © 2014 by Patricia Papps
All Rights Reserved
© 2014 de la traducción *by* Marta Torent López de Lamadrid
© 2014 *by* Ediciones Urano, S.A.
Aribau, 142, pral. – 08036 Barcelona
www.edicionesurano.com

ISBN: 978-84-7953-884-2
E-ISBN: 978-84-9944-776-6
Depósito legal: B-20.838-2014

Fotocomposición: Ediciones Urano, S.A.
Impreso por: Rodesa, S.A. – Polígono Industrial San Miguel
Parcelas E7-E8 – 31132 Villatuerta (Navarra)

Impreso en España – *Printed in Spain*

DEDICATORIA

A Andrew, con amor

ÍNDICE

Introducción 11

1. Trabajar con los ángeles 15

2. Contactar con los ángeles 21

3. Cómo recibir mensajes de los ángeles 35

4. Ángeles de la guarda 41

5. Los colores de tu ángel de la guarda 49

6. Jerarquías de ángeles 59

7. Serafines: sanar cuando ocurren catástrofes 69

8. Querubines: protección contra la negatividad 75

9. Querubines: acceder a la energía positiva
   y encontrar el equilibrio. 79

10. Tronos: sanar los conflictos interpersonales
    y la soledad. 85

11. Dominaciones: acceder a la sabiduría interior 91

12. Virtudes: ayudar en los problemas
    medioambientales. 99

13. Virtudes: aportar paz y armonía al mundo 107

14. Potestades: combatir el mal en el mundo 111

15. Potestades: eliminar bloqueos negativos 117

16. Principados: ayudar a las especies en peligro
de extinción 125

17. Principados: fomentar los derechos humanos
y erradicar la discriminación 129

18. Principados: llevar energía positiva a pueblos
y ciudades. 135

19. Arcángel Miguel: proteger a los débiles y luchar
contra la injusticia 141

20. Arcángel Rafael: sanar enfermedades y dolencias. . . . 147

21. Arcángel Uriel: encontrar un rumbo vital
y perseguir tus sueños 155

22. Arcángel Gabriel: hacer con facilidad grandes
cambios vitales 163

23. Arcángel Gabriel: sanar la ansiedad 167

24. Arcángel Chamuel: ayuda a lo largo del camino
espiritual. 173

25. Arcángel Chamuel: atraer abundancia y
prosperidad 177

26. Arcángel Jophiel: encontrar inspiración creativa 183

27. Arcángel Jophiel: sanar la depresión. 189

28. Arcángel Raguel: aumentar la confianza en
uno mismo. 195

29. Ángeles: buscar ayuda individual y enviar amor
al mundo 203

30. Reflexiones. 209

Lista de ángeles sanadores 211

INTRODUCCIÓN

Siendo más conscientes de la influencia de los ángeles en nuestra vida cotidiana, tomamos más conciencia de nuestro yo espiritual, una parte de nosotros que puede proporcionarnos una paz y alegría profundas, ya que nos conecta con el cielo. Esto puede darnos la plenitud y la paz que estamos buscando y la certeza de que las cosas materiales no pueden llenar la laguna que hay entre los deseos de la Tierra y las dichas del cielo.

Las meditaciones diarias detalladas en este libro te ayudarán a sintonizar con la energía de los ángeles en tu vida cotidiana. Es una energía maravillosa que puede inspirar y obrar milagros, haciendo tu vida más feliz y dichosa, puesto que esta es la función de los ángeles: apoyar a la humanidad en los problemas y tribulaciones de su día a día. Trabajar con los ángeles de este modo traerá a tu vida una nueva dimensión de amor y alegría. Las meditaciones están diseñadas para aportar a la humanidad la sanación, el consuelo y la inspiración que tanto necesita y la sanación del entorno, y para llevar la sanación personal a un plano más profundo. Trabajar así con los ángeles te conducirá a una comprensión más honda de tu verdadero yo y la naturaleza espiritual de toda la humanidad.

Los ángeles están presentes en todas las grandes religiones del mundo. Esto les da un carácter muy «religioso», lo que puede que a algunos les choque. Pero los ángeles no saben de religiones. De hecho, dan su amor y orientación desinteresadamente a todos los seres humanos de la Tierra, al margen de las creencias religiosas del individuo. No hace falta ser religioso para colaborar con los ángeles, porque todo el mundo puede sentir su suave roce y oír sus sabias palabras. Todo el mundo puede recibir mensajes de los ángeles y experimentar en su vida su poder sanador. Por cuestiones de comodidad, en este libro he utilizado el concepto de «lo divino» para referirme a un poder superior, pero cuando trabajes con los ángeles puedes sustituirlo por el nombre que quieras.

Los ángeles son mensajeros divinos y, como tales, su mensaje, de amor y alegría, está dirigido a todos y cada uno de los seres humanos de la Tierra, ya que su deseo es que conozcamos la dicha del cielo a lo largo de nuestras vidas terrenales.

Nuestra concepción de los ángeles está principalmente influenciada por los artistas del Renacimiento que pintaron seres soberbios de alas espectaculares, confiriéndoles, sin duda, la habilidad de ir volando del cielo a la Tierra, lo que da la impresión de que el cielo está muy lejos y los ángeles tienen que recorrer una gran distancia para llegar hasta nosotros.

Pero no es así, porque los ángeles viven en planos etéreos, una esfera de la vida muy cercana a la nuestra; algunos dirían que está interconectada con nuestro propio mundo. Los ángeles nos traen la verdad de que el cielo no es un lugar remoto al que se llega mediante una buena conducta y las creencias religiosas adecuadas, sino más bien un estado interior. Es esta verdad la que los ángeles nos traen en su afán por despegarnos de la cotidianidad de nuestras vidas y revelarnos otra manera de ver la vida.

Los ángeles no tienen una forma concreta, como los seres humanos, sino que están hechos de energía, ya que vibran en un plano mucho más elevado que nosotros. Su luz es la luz de la energía y el amor puros; lo cual no significa ni mucho menos que sean insustanciales. De hecho, son seres muy fuertes y poderosos que tienen la facultad de dejarse ver en nuestro mundo cuando es necesario.

Hay constancia de muchas experiencias con ángeles, sobre todo alrededor de los últimos cien años, ya que, conforme la humanidad se acercaba a la Nueva Era de Acuario, la conciencia humana se expandió, resultando en una comprensión y un conocimiento más profundos de los reinos angelicales. A medida que nuestra conciencia se ha ido expandiendo, los ángeles han podido acercarse más para traer su mensaje de amor y apoyo divinos, capaz de sanar nuestros problemas y llevar luz donde hay tinieblas en nuestras vidas.

Llevo muchos años trabajando con los ángeles, y sé la magia y los milagros que pueden obrar en la vida de uno. Colaborar con los ángeles es una parte especialmente gratificante de mi vida, que me aporta satisfacción anímica y crecimiento espiritual en el más bello de los sentidos. Trabajar con los ángeles te dará una gran sensación de realización personal y dicha. Los ángeles nos descubren nuestro auténtico potencial y nos muestran un camino mágico en esta vida, un sendero en el que te acompañan en todos los momentos de tu vida.

Capítulo 1

TRABAJAR
CON LOS ÁNGELES

Trabajar con los ángeles no tiene nada de místico, ya que están siempre a nuestro lado, a todas horas, y están encantados de ayudarnos. De hecho, nos ayudan constantemente sin preguntarnos, pero no solemos darnos cuenta y nos limitamos a atribuir a la «buena suerte» las cosas buenas que nos pasan. Sin embargo, focalizar un problema concreto y concentrarnos en el ángel adecuado nos proporcionará una extraordinaria orientación y ayuda de parte del ángel en cuestión. Tu implicación activa en el proceso de sanación permitirá que los ángeles concentren sus esfuerzos con más precisión y energía.

Los ángeles traen la magia a nuestras vidas y pueden obrar milagros para enderezar las cosas cuando se tuercen. Son capaces de arreglar nuestros problemas más complicados y llevar sanación y armonía donde hay disonancia y aflicción. Llevan consuelo donde hay pesar y llevan su amor incondicional para levantarnos el ánimo, independientemente de la cantidad de errores que creamos haber cometido en la vida. Están siempre a nuestro lado para echar una mano e inspirar cuando sea necesario.

A los ángeles les complace especialmente trabajar con las personas para llevar amor divino y sabiduría al mundo. Es su deseo trabajar así con los seres humanos. Su bálsamo sanador salvará dificultades de tu vida y ayudará a sanar el mundo donde haya adversidad, conflicto y desesperación.

Podemos ayudar enormemente a los ángeles a hacer su trabajo, lo que redundará en nuestro beneficio, sintonizando con su energía, porque su energía está en los planos etéreos y podemos hacer de eslabón entre lo etéreo y la materia densa de la Tierra. Podemos ayudar a canalizar la luz de los ángeles hacia el lugar de la Tierra donde se necesite y, desde la Tierra misma, aumentar el poder de esa luz. Trabajar con los ángeles y colaborar en su misión de llevar el amor divino y la sabiduría a toda la humanidad es el propósito de nuestras vidas. Este es el trabajo que ansía nuestro espíritu y que puede proporcionarnos la mayor de las satisfacciones y recompensas.

Sea cual sea el problema, y por grande y complicado que pueda parecer, los ángeles pueden darnos la capacidad de hacerle frente y seguir avanzando. Con su ayuda podemos fácilmente encontrar soluciones a problemas que parecen insalvables. Su suave roce alentador y sus sabias palabras aportan inspiración y ánimo cuando estamos hundidos y desbordados. Si las circunstancias se antojan difíciles, la sanación de los ángeles puede ayudarnos a recuperar el control de nuestras vidas y superar los problemas con facilidad.

Sea como sea que visualices a los ángeles, son siempre energías positivas cuya única razón de ser es el bienestar de toda la humanidad, la Tierra y todos los seres vivos. Reconocer su existencia y el trabajo que realizan en favor de la humanidad puede abrir la puerta a una maravillosa relación creativa que traerá a tu vida una honda felicidad y plenitud. Trabajan incansablemente detrás del escenario donde hay disonancia tanto en el plano personal como en el global, y nos guían siempre para permitir que vivamos vidas felices y plenas. Pero a menudo el mundo material nos absorbe y distrae en exceso como para ser conscientes de la presencia y la guía angelical. Cuando «desconectamos» el ego y dejamos que nuestro yo espiritual establezca contacto con los ángeles, los resultados pueden ser asombrosos y tajantes. Ser conscientes del auxilio angelical en cualquier situación le dará a esa ayuda una fuerza extra, porque habremos abierto un canal directo para dejar que fluya la energía de los ángeles.

El propósito de los ángeles como mensajeros es revelarnos a cada uno de nosotros la verdad: que somos seres perfectos con un poder enorme y que no hay nada que temer, porque recibimos orientación divina y apoyo angelical cada instante de nuestras vidas. Los ángeles ven a todos los humanos como seres espirituales hermosos y no se dedican a juzgarnos, a ninguno de nosotros. Entienden lo densa que es la materia de la Tierra y lo fácil que nos resulta volvernos negativos al intentar afrontar el día a día. Este es el mensaje que traen los ángeles, y su amor, su guía y su apoyo son el amor, la guía y el apoyo divino.

Los ángeles quieren que los veamos como amigos que ni mucho menos emiten juicios sobre nuestros errores y debilidades, y están deseando ayudarnos a crecer y prosperar en la vida. Su magia puede hacer realidad nuestros sueños y tanto más felices nuestras vidas. Es una verdad maravillosa que conviene tener presente en la vida cotidiana. Los mensajes de los ángeles son siempre edificantes, positivos y están llenos de esperanza.

La sanación de los ángeles actúa en nuestro cuerpo emocional y mental para darnos una comprensión más honda de nuestro yo espiritual. Ayudándonos a conectar con nuestro yo espiritual, los ángeles pueden proporcionarnos una paz profunda y la certeza de que todo está bien en nuestra vida.

La sanación de los ángeles nos pondrá en contacto con nuestro *yo superior* (en lugar del *yo inferior* del día a día), el núcleo de nuestro ser, que posee todas las respuestas a los interrogantes de nuestras vidas. Este yo superior posee los secretos del verdadero camino de nuestra vida, un camino que solo puede traernos felicidad y alegrías. Son estos secretos de nuestro ser interior los que los ángeles pueden revelarnos, ya que lo saben todo sobre nosotros, lo bueno y lo no tan bueno, y saben el camino que deberíamos tomar para alcanzar esta dicha divina.

Los ángeles conocen nuestro yo verdadero mejor que nosotros y entienden los temores y la falta de confianza que pueden conducirnos por un camino negativo. Ellos nos apartan poco a poco de estos patrones negativos y nos ponen en contacto con nuestro yo auténtico y positivo, que puede llevarnos por un sendero vital acertado.

A la hora de trabajar con los ángeles es importante tener presente que no pueden incidir en nuestro karma, aunque sin duda pueden facilitarnos las cosas y hacer que nos resulten menos dolorosas. El karma es la ley de causa y efecto, lo que significa que recogemos lo que sembramos. Nuestro karma nos da oportunidades para crecer y aprender, y hay un karma bueno y positivo, igual que otro presuntamente negativo. Trabajar con los ángeles y dejar que su amor y su sabiduría influyan en nuestras vidas puede transformar cualquier karma negativo que podamos tener en oportunidades positivas, y los ángeles están siempre con nosotros para ayudarnos a superar los problemas.

Si estás pasando por una época complicada o tienes lo que parece un problema insuperable, hay un ángel que puede ayudarte a superarlo. Trabajando con los ángeles vencerás tus problemas con suma facilidad. El karma no es una ley negativa y de ningún modo debería considerarse un castigo por los supuestos pecados previos. En todo momento actuamos siempre lo mejor que podemos y sabemos, y la ley del karma nos ayuda a entendernos a nosotros mismos, y a aprender y crecer espiritualmente.

Las meditaciones detalladas en este libro traerán a los ángeles a tu lado para compartir contigo su sabiduría y amor sanador con los resultados más sorprendentes. Tengas el problema que tengas, hay un ángel que lo rociará con un bálsamo sanador, trayendo a tu vida inspiración y aliento. Por muy contrariado que estés por algo, hay un ángel totalmente dispuesto a envolverte en unas alas de amor y luz, que llevarán consuelo y dicha sanadora a tu corazón. Siempre que estoy disgustada por algo me imagino que mi ángel de la guarda me envuelve con sus alas de y enseguida me siento llena de energía, y casi puedo oír las sabias palabras que me trae sobre la situación. Las meditaciones diarias de este libro te ayudarán a sintonizar enormemente con la energía angelical en tu vida cotidiana. Es una energía maravillosa que puede inspirarte y obrar milagros para hacer tu vida más feliz y dichosa.

Para empezar este viaje maravilloso y creativo de colaboración con los ángeles, tan solo necesitas dedicar diez minutos al día a contactar con ellos. Disfruta trabajando con ellos, porque traer alegría y felicidad a todas las almas de la Tierra a través de su sanación y guía es el deseo de todos los ángeles.

Capítulo 2

CONTACTAR
CON LOS ÁNGELES

Para contactar con un ángel lo único que tienes que hacer es visualizar una forma angelical o pronunciar el nombre del ángel con el que deseas contactar, y el ángel en cuestión estará a tu lado para escuchar tu problema y ayudarte en lo que sea necesario. Así de sencillo. Los ángeles saben lo que necesitamos antes de pedirlo, de modo que no hace falta darles una explicación pormenorizada de por qué necesitamos su ayuda o de lo que sentimos. Nos apoyan cuando tenemos problemas y este consuelo podemos experimentarlo multiplicado por diez cuando hacemos el esfuerzo de contactar con ellos y corresponderles con nuestro amor.

Puedes contactar con los ángeles en cualquier momento y lugar, simplemente recogiéndote durante unos minutos y apartando la mente de las distracciones que te rodean. Tan solo tienes que visualizar a un ángel o intentar percibir una presencia angelical, y los ángeles estarán ahí a tu lado. Tengas el problema o dificultad que tengas en la vida, los ángeles podrán aliviarte y apoyarte durante el proceso. Sintonizando con su presencia, te irás acostumbrando a que recibir sus mensajes es la mejor manera de proceder o la medida más conveniente.

Sin embargo, es importante tener presente que los ángeles no son nuestros criados y que están al servicio de lo divino. No pueden cumplir nuestras órdenes, sobre todo si nuestros deseos tienen un cariz negativo; antes bien, la participación de los ángeles nos llevará gradualmente a una posición de entendimiento y aceptación de una forma de proceder que beneficiará a todos los implicados. Los ángeles pueden obrar y obran milagros en nuestras vidas, de modo que estate siempre receptivo a su energía y reacciona ante cualquier inspiración que te venga. Sabrás que es una inspiración angelical, porque notarás una agradable sensación en el plexo solar que augurará unas perspectivas muy halagüeñas.

La meditación es una forma intensa y hermosa de contactar y colaborar con los ángeles. Las meditaciones ofrecidas en este libro son como oraciones silenciosas, puesto que la meditación focaliza la mente y utiliza su enorme poder no solo para sanar tu propia vida, sino también para enviar sanación al mundo a fin de sanar el dolor, los conflictos y la disonancia individuales. La meditación apacigua la mente y las emociones, poniéndote en contacto total con tu yo espiritual, que está en una «longitud de onda» mucho más parecida a la de los ángeles. Meditar en los ángeles nos da un conocimiento más profundo de nuestras verdaderas necesidades y contribuye a resolver problemas del día a día que impiden que llevemos vidas realmente felices y plenas.

Las meditaciones de este libro son fáciles de hacer y únicamente requieren un poco de concentración y la capacidad de visualizar una silueta y una luz angelicales. La silueta angelical que decidas visualizar puede ser cualquier cosa que te parezca agradable. Podría ser un gran ser de luz o la imagen de un ángel más convencional. El ángel puede ser masculino o femenino, lo que te resulte más cómodo. La manera de visualizar a los ángeles es muy personal. Tal vez empieces con una imagen convencional de un ser alado y esta evolucione y cambie a medida que trabajes con los ángeles. Es muy interesante comparar la imagen con que empieza una persona con la imagen que utiliza, digamos, después de varias semanas de práctica.

Los ángeles sabrán en el acto que estás contactando con ellos y estarán a tu lado para ofrecerte su amor y su apoyo. Al inicio de cada meditación hay una breve oración para focalizar la mente en el ángel con el que estás sintonizando. Todos los ángeles de este libro tienen un nombre genérico o, en el caso de los arcángeles, un nombre individual.

CÓMO SE MEDITA: EJERCICIO DE RELAJACIÓN

Para meditar lo único que tienes hacer es desconectar la mente, relajarte y concentrarte en una imagen visual o un pensamiento. Apaciguar la mente así te pone en contacto con tu yo espiritual y te hace entender que eres mucho más que simplemente el ego cotidiano.

Empieza siempre relajándote como se detalla aquí y elige el momento del día en que estés más relajado y las preocupaciones de la jornada hayan pasado a un segundo plano. Puede que sea a primera hora de la mañana antes de empezar el día, o puede que sea por la noche, finalizada la jornada. Busca un sitio cómodo y asegúrate de que no te molesten. A lo largo del capítulo te daré consejos para hacer un altar angelical que puedas usar durante la meditación. Los altares focalizan la mente y te recuerdan el carácter sagrado de la tarea que te dispones a emprender. Tal vez te apetezca encender una vela y concentrarte en la llama unos instantes, ya que es un método buenísimo para apaciguar la mente y prepararla para la meditación. La llama de la vela simboliza asimismo la pequeña chispa interior que es parte de lo divino.

Tu postura es importante, ya que te mantiene alerta durante la meditación. ¡Cuando apaciguas la mente es muy fácil dormirse! Siéntate en una silla cómoda y comprueba que tienes la espalda recta y no estás encorvado. Quizá prefieras sentarte en el suelo, cosa que puedes hacer en la posición en que te sientas mejor, con las piernas cruzadas o en posición de loto, por ejemplo. Si con las piernas cruzadas estás incómodo, siéntate con las piernas estiradas. De sentarte en una silla, apoya bien los pies en el suelo, aunque puedes cruzarlos si te resulta más cómodo. Procura tener la espalda recta, especialmente si te sientas en el suelo, y relaja las manos sobre el regazo. Es importante mantener una temperatura corporal cálida durante la meditación, por lo que, en caso necesario, tápate con una manta.

Regula la respiración con unas cuantas inspiraciones lentas y profundas. Cierra los ojos y relájate mientras tomas conciencia de tu cuerpo. ¿Tienes los hombros relajados? A menudo los hombros son los que están más tensos, porque los encogemos casi hasta las orejas. Es asombroso cómo esto ocurre sin que la persona sea en absoluto consciente de ello. Deja caer los hombros y relaja los brazos. Acto seguido centra la atención en el resto del cuerpo. Comprueba si hay tensión en él, empezando por los pies y subiendo por las piernas, abdomen, pecho, cuello y cabeza. La cara puede retener mucha tensión sin que la persona se dé cuenta, así que haz un esfuerzo consciente por relajar las facciones. Puede que te sorprenda la cantidad de tensión que hay en tu cara. Cuando hayas realizado este ejercicio unas cuantas veces, descubrirás que eres capaz de relajarte completamente en menos de un minuto.

CREAR UN TEMPLO INTERIOR

Disponer de un templo interior donde te visualices mientras meditas contribuye a la dinámica de la meditación. Crear un templo interior prepara y centra la mente rápidamente de cara a la meditación que te dispones a hacer. Puede ser un ejercicio divertido y te proporcionará un lugar seguro y concreto en el que hacer la meditación. En este ejercicio utiliza simplemente la imaginación para crear un templo en el que te sientas feliz y unido a tu yo espiritual. La base de este ejercicio puede emplearse juntamente con las meditaciones más detalladas que se describen en posteriores capítulos.

Siéntate en una posición cómoda en una silla o en el suelo. Procura mantener una temperatura corporal cálida y que no te molesten. Prepárate para la meditación relajándote de la forma descrita en el ejercicio anterior, luego imagínate andando por un camino de un hermoso campo. El cielo está azul y despejado, y la hierba es mullida bajo tus pies. Los pájaros cantan y el sol te calienta con sus rayos. Delante ves un edificio hecho de luz. Brilla y destella a la luz del sol y su aspecto es muy tentador. Te acercas hasta la puerta de la parte frontal del edificio y entras. Al instante te sientes muy seguro y cómodo en este lugar. Mira a tu alrededor e imagínate cómo te gustaría que fuese tu templo. Imagínate las paredes y el techo. Destellan con la luz. Tal vez tu templo tenga un techo abovedado. Puede que sea grande o pequeño. Yo creo que un templo pequeño es más acogedor, pero eso va a gustos.

El color de tu templo es importante. Las paredes podrían tener un color relajante, como un azul o verde claros. El amarillo le dará a tu templo una sensación de luz solar y calidez. Las paredes rosas darán una sensación de amor, o quizá prefieras el relajante y agradable color lila. Las paredes y el techo de luz blanca y pura aportarán una pureza y claridad adicionales a tu trabajo. Sea tu templo del color que sea, debería irradiar una luz bonita y producir una sensación general de seguridad y protección. ¿Hay ventanas? Mi templo tiene ventanas en lo alto por las cuales entra el sol, iluminando el sitio donde estoy sentada. Te sientes muy feliz y relajado en tu templo.

Puedes tener un altar frente al que sentarte, pero no es necesario. Si tienes altar, que sea sencillo, tal vez un reflejo de tu altar real. (Los detalles para crear un altar angelical se dan a lo largo de este capítulo.) Si sueles sentarte en una silla para meditar, imagínate una silla en tu templo. Si sueles sentarte en el suelo, lo mejor es que te visualices sentado en el suelo. Imagínate el suelo de baldosas de colores y, si te sientas ahí, quizá sea una buena idea visualizarte sobre unos cojines. Asimismo imagina que en tu templo se está muy calentito y a gusto.

Al sentarte en tu templo contemplas ante ti a un precioso ángel dorado que te recibe con los brazos abiertos. Siente cómo te envuelve una luz cálida y dorada que te hace sentir muy seguro y feliz. El ángel te envuelve con un amor inmenso que lleva la paz a tu corazón y tu mente; bendice tu templo con la maravillosa luz dorada, y lleva a tu corazón la certeza de que todo está bien en tu vida y de que los ángeles te acompañan a todas horas.

Quédate aquí, con este ángel amoroso, mientras estés cómodo. Luego, cuando estés preparado, devuelve la conciencia a tu entorno real y haz varias inspiraciones profundas.

CERRAR LOS CHAKRAS

Tras la meditación es esencial cerrar los chakras, que son centros de energía del cuerpo etéreo que se asocian a distintos aspectos de tu ser. En total hay siete. Seis están alineados a lo largo de la columna vertebral, y el séptimo está situado en la coronilla de la cabeza. Estos chakras se activan cuando avanzamos por la senda espiritual y también cuando meditamos. Giran con energía y luz. Conforme nos volvemos espiritualmente más conscientes, es posible incluso notar cómo giran, especialmente el del plexo solar.

El primer chakra está en el arranque de la columna y está vinculado a nuestros instintos, esos instintos esenciales para nuestra supervivencia y evolución en el mundo material. El segundo chakra se sitúa en medio de la espalda, a la altura de la cintura. Este chakra está vinculado a los sentimientos que tienen que ver con nuestras relaciones y posición social. El tercer chakra está situado en el plexo solar y está muy ligado a nuestras emociones y nuestra conciencia. Todos hemos notado ese nudo en el estómago en momentos de estrés brutal. El miedo y la ansiedad residen en el plexo solar, como la mayoría de las emociones negativas. También en el plexo solar percibimos las sensaciones agradables que nos producen las cosas, y, cuando nos va bien la vida, notamos una sensación cálida en esa zona. El plexo solar es un buen barómetro de cómo nos van las cosas.

El cuarto chakra está en el centro del corazón y es donde sentimos amor y compasión. Está situado en el corazón, en el centro del pecho. Cuando nos sentimos realmente bien por algo, solemos notar que el centro del corazón casi se ensancha dentro del pecho. El quinto chakra está situado en la zona de la garganta y está vinculado a la confianza en uno mismo y nuestra capacidad de expresar nuestros sentimientos e ideas. Cuando nos sentimos atascados, la energía de este chakra puede verse afectada y es posible que notemos que tenemos algo atorado en la garganta.

El sexto chakra es nuestro «tercer ojo», o centro de la frente, y se sitúa entre las cejas. Está vinculado a nuestra intuición y perspicacia. Este chakra se activa cuando desarrollamos nuestras aptitudes psíquicas. El séptimo chakra está situado en la coronilla de la cabeza y se activa cuando uno ha alcanzado un estado de unión con lo divino. Suele representarse como un loto de mil pétalos.

Después de una meditación, por breve que esta sea, es muy importante que cierres los chakras para protegerte. Los chakras se abren durante la meditación para absorber la luz y la bondad y la sabiduría que los ángeles te transmiten. Cerrarlos es un buen ejercicio de «anclaje» para devolver la conciencia completamente a tus circunstancias actuales.

Cerrar los chakras es muy fácil de hacer. Visualiza simplemente cada chakra, empezando por el chakra raíz y subiendo hasta el chakra de la coronilla, y visualiza una cruz plateada en un círculo de luz blanca sobre el chakra en cuestión durante unos instantes. Esto producirá también un efecto de anclaje después de la meditación.

MEDITACIÓN ANGELICAL

Aquí tienes una sencilla meditación para practicar que se centra en los ángeles y es la base de todas las meditaciones más específicas que habrá a lo largo de este libro. Siéntate cómodamente y realiza el ejercicio de relajación descrito con anterioridad en este capítulo. Cuando te sientas del todo relajado, haz unas cuantas inspiraciones profundas más y luego respira con normalidad. Imagínate que estás en tu propio templo especial, sentado en el suelo o en una silla, y contempla ante ti la imagen de un ángel. Da igual qué aspecto tenga. Puede que sea masculino o femenino, con alas o sin alas, pero lo importante es que sea un ser de luz, hecho de luz y rodeado de una luz espléndida.

Fíjate en cómo va vestido el ángel. Puede que lleve un traje maravilloso como los de los cuadros renacentistas o puede que lleve un atuendo sencillo. Quizá descubras que te viene la imagen de un ángel vestido con ropa contemporánea. Los ángeles se proyectan a sí mismos en formas reconocibles y que no nos son ajenas, por lo que se nos suelen aparecer con forma humana. No importa cómo se aparezca el ángel, porque se trata de tu visión. Lo único importante, como he mencionado, es la luz. La luz emana del ángel y te envuelve, proporcionándote una sensación de satisfacción y amor, y la certeza de que todo está bien en tu mundo, todo está como tiene que estar, y de que con ayuda de los ángeles superarás fácilmente cualquier dificultad.

Si tienes un problema concreto para el que quieras ayuda, focaliza en él y pídele ayuda al ángel. Tal vez sea buena idea pensar en algo que simbolice el problema —una imagen, una persona, una escena—, en lo que puedas pensar durante la meditación. Como he mencionado, el ángel sabrá exactamente qué ha pasado, por lo que no es necesario que entres en muchos detalles, y estará encantado de echar una mano. Siente que te envuelve el amor del ángel y toma conciencia de que trae sanación e inspiración a tu alma. Siente el amor del ángel propagándose por todo tu cuerpo y llenándote de una maravillosa sensación de felicidad y alegría. Ten presente que se está produciendo la sanación angelical para aportar una solución positiva a tus problemas.

Con ayuda de los ángeles, los problemas pueden resolverse muy armoniosa y rápidamente. Los ángeles también te aportan su sabiduría no sentenciosa, por lo que te sorprenderás aprendiendo de cualquier error que hayas cometido. Los problemas se solucionarán en beneficio de todas las partes afectadas, y gracias a eso descubrirás que eres más fuerte.

Retén la imagen del ángel en tu mente unos minutos. La luz del ángel te envuelve e inunda todo tu ser, llevando sabiduría donde necesitas respuestas y rumbo, y sanando donde tu vida y tu cuerpo lo necesitan. Retén esta imagen unos minutos o mientras estés a gusto, luego agradécele al ángel su ayuda. Envíale tu amor a cambio de la labor que realiza para ayudarte. Puedes hacerlo enviándole un rayo de luz desde el centro de tu corazón, un rayo de amor, o bien puedes decir para tus adentros: «Mi amor sea contigo, querido ángel», lo que te resulte más cómodo.

Ahora devuelve la conciencia a tu respiración y haz varias inspiraciones profundas para devolverla realmente a lo que te rodea. Cierra los chakras como se ha detallado en otro momento del capítulo y bebe un poco de agua para acabar de anclarte de verdad. Cuando estás anclado, eres plenamente consciente de tu entorno y tu mente vuelve al momento presente. Tener un vaso de agua a mano es buena idea, porque el agua es un buen anclaje después de la meditación.

Asimismo, es buena idea tener a mano un bolígrafo y un cuaderno para ir anotando cualquier idea o inspiración que te haya venido durante la meditación. La magia de los ángeles actúa muy deprisa, y si te abres a la guía angelical, ¡no te quepa duda de que recibirás esa guía al instante! Después de la meditación, tómate cierto tiempo para relajarte y reflexionar sobre cualquier problema que tengas, ya que es muy posible que se te ocurran ideas para afrontarlo. Si no se te ocurre nada, no te preocupes; es muy posible que las ideas o las respuestas surjan en uno o dos días.

Este es el principio de una colaboración y un viaje emocionantes, un viaje que llevará una profunda paz a tu alma y una sensación de bienestar a tu vida. Los ángeles pueden obrar, y obran, milagros en nuestras vidas, y tienen habilidades sanadoras para cuando estamos deprimidos y afligidos. Sea cual sea el problema, pídeles ayuda y esa ayuda llegará, porque los ángeles jamás te fallarán. Tu vida adquirirá un nuevo significado, ya que ellos nos acercan más a nuestro verdadero yo, el espíritu interior que está recubierto del ego cotidiano. Cuando estemos en contacto con nuestro espíritu interior, la vida evolucionará hacia experiencias positivas y los ángeles estarán ahí a nuestro lado mientras disfrutamos del viaje.

CREAR UN ALTAR ANGELICAL

Un altar focaliza tu energía y te prepara para comunicarte con el ángel elegido. El altar puede ser lo que tú quieras y crearlo puede ser muy divertido. Primero decide si tendrás un altar permanente reservado en un lugar especial o si será portátil. Los dos tipos pueden contener las mismas cosas, pero el elemento más importante es un paño blanco, que simboliza la pureza y es la base de cualquier altar, sea permanente o portátil.

Monta tu altar permanente en un lugar donde sepas que es menos probable que te molesten y que esté escondido, algo que solo tú veas y uses. Si vives solo, será bastante fácil hacerlo, pero si tienes pareja, es necesario que esté al tanto de tus intenciones y las apoye. Un rincón de la habitación es un lugar ideal para un altar permanente, porque no lo verán los desconocidos o amigos o familiares que quizá no entiendan de qué va la cosa.

Para crear el altar utiliza una mesita cubierta con un paño blanco, o si te gusta sentarte en el suelo para meditar, coloca el paño blanco en el suelo. Lo cómodo de tener un paño blanco es que puedes enrollarlo y guardarlo y usarlo solo cuando lo necesitas, creando así un altar portátil. Una vez establecido dónde estará tu altar, decide qué objetos pondrás en él, porque se acumulará mucha energía positiva alrededor. Tener un altar portátil no disminuirá ni mucho menos la energía circundante, porque si tienes un paño blanco y siempre usas el mismo, la energía angelical surgirá en torno a él. Es el trabajo que realizas lo que fomenta la energía. Con un altar portátil puedes enrollar los elementos que coloques en el altar y guardarlo todo junto en un lugar seguro.

Los cristales son objetos ideales para colocar en tu altar. El cuarzo rosa es especialmente adecuado por sus poderes sanadores, pero utiliza cualquier cristal o piedra con que te sientas muy identificado. También puedes colocar en tu altar la imagen de un ángel que te atraiga particularmente. Entretente colocando objetos que tengan para ti un significado espiritual especial. Si tu altar es permanente, podrías poner en él un jarrón con flores frescas, o, si es portátil, unas flores secas serían lo ideal, porque pueden colocarse tal cual sobre el paño sin jarrón. Pongas lo que pongas en tu altar, no lo cargues demasiado, porque eso podría dispersar la mente. Lo ideal son unos cuantos objetos muy concretos.

Una buena práctica meditativa es tener un portavelas y una vela especiales, porque centrar la atención en la llama ayuda a apaciguar y focalizar la mente de una manera verdaderamente maravillosa. La llama de la vela también simboliza la luz que brilla en el centro de nuestro corazón, siendo esa luz la chispa divina.

El empleo regular de tu altar calmará automáticamente la mente y te preparará para concentrarte en la meditación en el ángel elegido. A la mente le gusta la regularidad y estará preparada para la meditación cuando te sientes frente a tu altar. La energía que se acumule allí te ayudará en el trabajo escogido y se volverá muy perceptible tras un período relativamente corto.

Capítulo 3

CÓMO RECIBIR MENSAJES
DE LOS ÁNGELES

Los mensajes angelicales nos llegan de muchas maneras distintas, ya que a la hora de contactar con nosotros los ángeles no tienen límites. Pueden ser bastante ingeniosos en la forma que eligen para comunicarse con nosotros.

Una de las maneras más habituales que tienen los ángeles de contactar con nosotros es mandando una idea o respuesta a nuestra cabeza justo cuando hemos desconectado del runrún diario de nuestra mente. Es una buena idea dedicar cada día un rato a la «comunicación con los ángeles», en que apacigües la mente y reflexiones sobre cualquier problema o duda que puedas tener. Luego despeja la mente de cualquier pensamiento y concéntrate en el ángel con el que estás colaborando en el momento presente. Relájate y no te empeñes en recibir mensajes, porque eso puede impedir la comunicación. Y no te preocupes si no te vienen respuestas ni ideas, ya que los ángeles actúan de muchas maneras y pueden enviarte mensajes cuando menos te lo esperes. Las ideas pueden surgir en tu cabeza en cualquier momento del día, cuando tu mente está completamente concentrada en otra cosa, por eso es buena idea llevar siempre encima cuaderno y lápiz para reaccionar enseguida a los pensamientos e ideas que surjan.

Es fácil reconocer los mensajes de los ángeles cuando te vienen a la cabeza, porque te producirán una sensación agradable, casi una sensación del tipo «¿por qué no se me habrá ocurrido antes?» El mensaje responderá a tu duda con mucha sutileza, y sabrás que es de inspiración angelical porque a menudo te invadirá un sentimiento de alegría en el plexo solar o el centro del corazón.

En ocasiones, los mensajes o respuestas pueden venir a través de otras personas, que quizá digan algo que sea la respuesta que buscabas. Los demás probablemente no sean conscientes de estar dándote mensajes de los ángeles. Simplemente algo les empuja a decirte una cosa en un momento determinado, y es algo que te llega.

El mejor momento para recibir mensajes de los ángeles es la meditación, cuando la mente está totalmente focalizada en la energía angelical y para el ángel en cuestión es más fácil comunicarse contigo. Deja la mente en blanco durante unos minutos y relájate. Concentrarse en la llama de una vela es una buena manera de relajarse y predisponer la mente para recibir mensajes. A mí esta técnica me ha funcionado en numerosas ocasiones en que he necesitado respuestas a un problema.

La escritura espontánea es otra forma de recibir los mensajes de los ángeles. Limítate a relajarte, bloc y bolígrafo en mano, y deja la mente en blanco. A continuación piensa en el problema o duda para los que necesites una respuesta angelical, y ten el boli a punto para escribir. Escribe cualquier cosa que te venga a la mente, da igual qué, y te sorprenderá lo que puede llegar a salir. Deja simplemente que un hilo de pensamiento espontáneo dirija tu mano al escribir.

Emma, una amiga que trabaja regularmente con los ángeles, estaba en un dilema laboral. Tenía un trabajo estupendo con buenas perspectivas, pero se estaba planteando dejar todo eso e irse de voluntaria al extranjero para ayudar a los pobres. Se debatía entre las dos cosas y le preocupaba irse de voluntaria y que no saliera como esperaba.

Decidió seguir en el puesto actual, donde estaba convencida de que pronto obtendría un ascenso y un aumento de salario, pero decidió probar la escritura espontánea por pura curiosidad. Había estado colaborando con el arcángel Uriel, que ayuda a las personas a encontrar un rumbo en la vida, y le preguntó si había tomado la decisión correcta. Sacó cuaderno y bolígrafo y se dispuso a escribir. Descubrió, para su sorpresa, que había escrito: «Adelante, vete de voluntaria», «Adelante, vete de voluntaria», una y otra vez. Lo interpretó como una señal de los ángeles de que debería dedicarse al voluntariado, cosa que hizo y descubrió que le daba más alegría y satisfacciones de las que había experimentado en toda su vida. Asimismo, trabajó con el arcángel Miguel para proteger a los débiles y vulnerables, lo cual aportó una dimensión adicional a su vida. No se arrepintió de nada e hizo un montón de amigos nuevos, y conoció a su futuro marido trabajando en el extranjero. Fue una decisión que dio un verdadero giro a su vida.

Angela, otra amiga mía, formuló una pregunta sobre los problemas de pareja mientras meditaba en los ángeles que conforman el coro de los tronos. Su actual relación no le convencía y tenía dudas acuciantes sobre si le convenía. Le pidió consejo al ángel de los tronos y meditó en el problema. Se concentró en una vela encendida y oyó con mucha claridad las palabras «Pon fin a la relación». Decidió confiar en la sugerencia del ángel y puso fin a la relación.

Varios meses después, Angela se encontró con una amiga suya que en ese momento estaba saliendo con su ex novio. La mujer le contó que la relación era abusiva y que le daba miedo romperla por temor a que él se volviera aún más agresivo. A Angela le alivió haber roto con ese hombre cuando lo hizo, porque de lo contrario también podría haber acabado siendo una víctima. Le sugirió a su amiga que trabajase con los ángeles para que le ayudasen a encontrar el valor de poner fin a la relación. Supuso que igual la consideraría una estúpida por sugerirle algo semejante, pero la mujer acogió muy bien la idea. Angela también le sugirió que trabajase con los tronos para que le infundieran valor para finalizar la relación y con los querubines para que la protegieran. Lo último que Angela supo fue que su amiga tenía una relación mucho más feliz y ya no tenía problemas con el maltratador de su ex novio.

Otro ejemplo es mi amiga Amanda, que tenía la sensación de que su vida no iba a ningún sitio y necesitaba desesperadamente un cambio, pero era incapaz de decidir qué rumbo tomar. Decidió colaborar con el arcángel Uriel para darle algún rumbo a su vida, puesto que tenía varias opciones. Una era volver a la universidad para adquirir conocimientos nuevos y la otra era montar su propio negocio, aunque ignoraba de qué tipo. La idea de hacer cambios tan importantes en su vida le asustaba, pero sabía que tenía que seguir adelante y dejar su empleo, que no le aportaba nada, le hacía sentir inútil y le chupaba la energía.

Amanda le pidió al arcángel Uriel que le diese alguna instrucción, y enseguida empezó a sentirse muy bien y emocionada ante la idea de poner en marcha su propio negocio. No sabía de qué sería, así que le pidió unas cuantas ideas al arcángel. La respuesta le llegó de forma totalmente repentina, cuando estaba en el trabajo con la mente distraída. De pronto la palabra «flores» le vino a la mente, y supo al instante que era la respuesta del arcángel

Uriel. Le encantaban las flores y los arreglos florales, y supo entonces que su nueva aventura consistiría en ser florista. La idea le produjo una sensación muy agradable en el plexo solar.

Al principio esta idea le pareció un tanto inalcanzable, ya que no disponía del capital necesario para iniciar semejante negocio. Pero creía en los ángeles y empezó a meditar en el arcángel Gabriel para que le ayudase a hacer este importante cambio vital. Él le infundió valor para dar los primeros pasos hacia sus objetivos, pero ella creía que no sería posible que le concediesen un crédito bancario. Para su sorpresa, el director del banco se mostró muy partidario de la idea, y ella consiguió el préstamo que necesitaba. Encontró una buena ubicación para su floristería y dio el paso final de presentar su dimisión en el trabajo. Siguió meditando en el arcángel Gabriel y descubrió que todo fluía. Para su alegría, poco después tenía un negocio muy próspero y estaba mucho más contenta y feliz con su vida.

La ayuda de los ángeles puede venir de muchas maneras. Constance, una conocida mía, descubrió que necesitaba esa clase de ayuda para presentarse a un puesto de trabajo. El nuevo empleo era muy importante para ella, pero, al ir a la entrevista, tomó con el coche una curva equivocada y vio que se había perdido. Por desgracia, no llevaba un mapa consigo, así que las indicaciones que tenía anotadas no le servían de nada. Paró y le preguntó a un transeúnte cómo se llegaba al edificio, pero el hombre no lo sabía. El tiempo apremiaba y empezó a inquietarse porque no llegaba a la cita.

Constance rezó en voz baja una oración dirigida a su ángel de la guarda para que le ayudase y sintió una curiosa sensación de alivio. Iba a detenerse para preguntarle a otro peatón cuando una voz en su cabeza le dijo que girase a la derecha. La voz siguió indicándole hasta que volvió al camino adecuado y supo dónde estaba. Sabía que era su ángel de la guarda el que le había orientado y había acudido en su auxilio cuando más lo necesitaba. Después de tanta angustia, necesitaba relajarse y prepararse para la entrevista, así que se imaginó a sí misma en las alas y la luz amorosas de su ángel de la guarda. Experimentó una renovada sensación de confianza y se desenvolvió exitosamente en la entrevista. Cuando consiguió el trabajo, le dio las gracias a su ángel de la guarda por el apoyo y la ayuda.

Otra amiga mía estaba trabajando con los ángeles de las dominaciones en su sabiduría interior y les había hecho una pregunta sobre su camino espiritual. Esperó respuesta cerca de dos semanas y, cuando llegó, fue muy contundente. Estaba en una biblioteca cuando un libro se cayó de un estante junto al que pasaba y le golpeó en la cabeza. Al coger el libro y ver la página por la que se había abierto, ¡descubrió que ahí estaba la respuesta a su pregunta!

No todas las respuestas de los ángeles llegan con tanta brusquedad, gracias a Dios, y espero que las tuyas vengan de una manera menos aparatosa. Pero cuando vengan, confía siempre en su guía, porque jamás se equivocan. Sé valiente y toma las medidas que te aconsejen, y te encontrarás experimentando una esperanza y una inspiración que traerán una nueva dicha a tu vida.

Capítulo 4
ÁNGELES DE LA GUARDA

Todos tenemos un ángel de la guarda que está con nosotros desde que nacemos hasta que morimos. El objetivo de nuestras vidas es llegar a descubrir nuestro verdadero yo espiritual, ese cielo interior que es una auténtica chispa divina. Este yo espiritual verdadero lo encontramos en los acontecimientos de nuestras vidas, a través de nuestro karma, y el propósito de nuestro ángel de la guarda es guiarnos por el buen camino.

Todos venimos a esta vida con un «programa» del rumbo que esta debería tomar para conseguir las máximas oportunidades de alcanzar el objetivo de lograr la unión con esa chispa interior divina. Jesucristo dijo que primero deberíamos buscar el cielo y «todo lo demás se os dará por añadidura». Eso significa que actuar desde lo divino que hay en nuestro interior nos aportará una felicidad, una satisfacción y una plenitud incalculables, y nos traerá la suerte que tanto deseamos en esta vida. Cuando actuamos desde lo divino que llevamos dentro, nada puede torcerse y todos los errores y decepciones se convierten en logros que aportan una gran satisfacción al alma. Al descubrir esa chispa divina interior nos sentimos realmente bien con nosotros mismos, lo que es un gran paso para vivir una vida feliz y próspera.

Nuestro ángel de la guarda conoce todas nuestras necesidades y nuestros deseos, todos nuestros supuestos defectos y su causa.

Los ángeles de la guarda no están aquí para juzgarnos. Todo lo contrario: entienden cada uno de nuestros errores y nuestra desesperación, y celebran con júbilo que seamos felices o logremos algo bueno. Nuestro ángel de la guarda sabe lo densas que son las capas de la vida terrenal que nos cubren y lo vulnerables que somos a los sentimientos negativos. Nuestro ego, nuestro yo terrenal, también es muy sensible a la negatividad ajena, lo que puede producirnos una angustia vital tremenda. Pero nuestro ángel de la guarda procura guiarnos por un camino positivo. No deberíamos hundirnos ni deprimirnos si de algún modo creemos haber fracasado, porque todo fracaso no es más que una curva de aprendizaje de la que podemos aprender valiosas lecciones y avanzar hacia nuestro objetivo de lograr la unión espiritual con lo divino.

Todos tenemos una única meta en la vida, y nuestro ángel de la guarda nos ayuda a conducirnos por el buen camino para alcanzar esa meta. La coincidencia de estar en el lugar y el momento adecuados, un encuentro fortuito con alguien que puede ayudarnos…; todo eso es el trabajo entre bastidores de nuestro ángel de la guarda, que se esfuerza denodadamente por asegurarse de que recibimos la mayor de las oportunidades para lograr el objetivo para el que hemos venido a esta vida.

Cada vez que necesitemos ayuda en la vida, cuando nos parezca que todo va mal, basta con que llamemos a nuestro ángel de la guarda y se nos brindará la más amorosa e intensa de las ayudas. Nuestro ángel de la guarda nos ayudará a superar los obstáculos vitales y aliviar la carga de nuestro karma, que en ocasiones puede ser difícil de sobrellevar. Es maravilloso saber que a nuestro lado, en cada momento de nuestras vidas, hay un ser poderoso que nos ama incondicionalmente y está más que dispuesto a ayudar en lo que sea. Los ángeles de la guarda hacen todo lo posible por ayudarnos y levantarnos el ánimo cuando nos hundimos. Nos ayudan a seguir siendo positivos cuando la vida se complica, porque es facilísimo caer en pensamientos y sentimientos negativos cuando las cosas van mal. Pero con ayuda de nuestro ángel de la guarda podemos mantener una actitud positiva que nos permitirá superar situaciones dolorosas. Los ángeles de la guarda son nuestro consuelo cuando necesitamos palabras tranquilizadoras y nuestros amigos leales cuando necesitamos a alguien en quien confiar. Están siempre ahí, a nuestra disposición, cuando necesitamos un poco de ternura.

Cuando tienes lo que parece un problema insuperable, hablar de ello con tu ángel de la guarda puede ser verdaderamente útil, porque el mero hecho de hablarlo puede aclarar la situación en tu mente y ayudarte a ver el problema con otros ojos. No temas pedir ayuda a tu ángel de la guarda, ya que ningún problema es demasiado insignificante para que te eche una mano. ¡Te sorprenderá lo que puede ocurrir colaborando con los ángeles! Te llegarán ideas y puntos de vista nuevos que te ayudarán a solucionar el problema de una forma muy positiva.

Para recibir ayuda angelical, simplemente imagina a este maravilloso ser, pide lo que necesitas y tendrás esa ayuda ahí, a tu alcance, porque tu ángel de la guarda nunca te defraudará.

Yo me siento muy cerca de mi ángel de la guarda a primera hora de la mañana, antes de empezar con la agenda de la jornada, y a última hora del día, antes de meterme en la cama por la noche, cuando he desconectado de las preocupaciones diurnas. También procuro establecer contacto con él en algún otro momento del día para que me ayude a mantenerme positiva y en paz. Son ratos que paso mano a mano con mi ángel de la guarda analizando lo que ha ocurrido durante el día y las esperanzas y los sueños que tengo en esta vida. Es beneficioso disponer de unos momentos de tranquilidad con tu ángel de la guarda para revelarle tus esperanzas y tus sueños, que también funcionarán como afirmaciones positivas que harán que tus sueños estén más cerca de convertirse en realidad. Puedes hacerlo en cualquier momento del día que estés relajado y a solas. Limítate a cerrar los ojos e imagínate a un ángel hermoso frente a ti dedicándote toda su atención y su amor, y escuchando cada palabra que dices.

Si las cosas te van realmente mal y estás desanimado o descontento con algo, imagínate las alas de tu ángel de la guarda envolviéndote en todo el amor que este puede ofrecer. Es una cantidad increíble de amor, y te llenarás de energía y sentirás valorado. Yo hago esto cada vez que estoy muy abatida y siempre me siento mejor, ya que no son imaginaciones mías, sino que es muy real. Tu ángel de la guarda está realmente ahí cuidando de ti y deseándote lo mejor. Si estás muy desesperado por algo y no sabes hacia dónde ir, recurre a tu ángel de la guarda y al instante te sentirás mejor sabiendo que su sabiduría te guiará a lo largo del camino. Siente cómo te envuelve el amor incondicional del ángel y te sentirás reconfortado, capacitado y preparado para afrontar cualquier reto que te aguarde. Cada vez que hago este ejercicio siento que de verdad el amor me envuelve, y descubro que tengo energías renovadas y valor para asumir mi día a día con corazón esperanzado.

Tu ángel de la guarda te acompaña siempre, a diferencia de otros ángeles que vienen y van cuando necesitas sus dones concretos. Incluso al meditar y comunicarte con los demás ángeles de este libro, tu ángel de la guarda está siempre contigo ayudándote en el trabajo que llevas a cabo con un ángel concreto. Te aportará un plus de energía para ayudarte a conseguir lo que sea que te hayas propuesto, sea enviar amor y sanación al mundo o sanar un conflicto interpersonal que te hace sufrir. Tu ángel de la guarda está siempre contigo, brindándote apoyo y dándote la confianza que necesitas para cumplir exitosamente con tus objetivos. Por mal que esté la situación, te dará amor y ánimos para ayudarte a hacerle frente.

Durante la fase terminal de su enfermedad «vi» a mi padre rodeado de ángeles y supe que estaría en buenas manos gracias a todo el amor que podían ofrecer. Asimismo mantuve a mi madre en la luz de los ángeles y supe que su ángel de la guarda estaba infundiéndole valor para afrontar una situación muy triste y angustiosa.

Conocer en persona a tu ángel de la guarda es una experiencia emocionante. Una sencilla meditación es todo lo que necesitas para establecer un vínculo entre los dos.

MEDITACIÓN PARA CONOCER A TU ÁNGEL DE LA GUARDA

Ponte cómodo y mantén una temperatura corporal cálida. Comprueba que tu espalda esté recta, ya que eso te ayuda a focalizar la atención en la meditación. Siéntate frente a tu altar y haz el ejercicio de relajación como se detalla en el capítulo 2. Quizá te apetezca también encender una vela y concentrarte en la llama unos instantes para contribuir a relajar aún más la mente. La llamita sirve de recordatorio de la chispa divina de nuestro interior.

Cuando estés completamente relajado y centrado, imagina que estás en un precioso jardín tapiado. El sol brilla intensamente y el jardín está repleto de flores y árboles. Sientes que la luz del sol te calienta y estás a gusto en este maravilloso entorno. La fragancia del aire es deliciosa. Estás sentado debajo de un árbol en plena floración. Los pájaros cantan con dulzura a tu alrededor. La escena es muy reposada e idílica.

En la tapia del otro lado del jardín hay una puerta. Se abre y entra un hermoso ángel. Es tu ángel de la guarda. Viene hacia ti con los brazos abiertos en amorosa bienvenida. Tú te levantas y vas hacia él y te dejas abrazar con una maravillosa sensación de amor y alegría. Acto seguido te vuelves a sentar y tu ángel se sitúa frente a ti. Cómo lo visualices depende totalmente de ti. Puede ser masculino o femenino, y llevar ropa tradicional o contemporánea; quizá tenga alas hechas de luz. Tu ángel emite unos rayos de luz maravillosos, colores del arco iris de luz pura y brillante que te envuelve, proporcionándote una magnífica sensación de dicha. Fíjate en el color predominante de la luz y el color de la ropa de tu ángel, porque eso es muy significativo. (En el capítulo 5 trataremos los colores en profundidad.)

Con el ángel delante, experimentas una maravillosa sensación de calidez y amor, y sabes que estás constantemente protegido por este gran ser. Sabes que puedes ser totalmente honesto respecto a tus sentimientos sobre cualquier tema que te preocupe y que el ángel no te juzgará. Todo lo contrario: te entenderá y estará encantado de echarte una mano. El amor que recibes de tu ángel es absolutamente incondicional y no te faltará jamás. Siente este amor como un resplandor cálido que empieza en tus pies y va subiendo por todo tu cuerpo. Te encuentras muy a gusto y estás más satisfecho que nunca con tu vida. Sabes que con este maravilloso ser a tu lado puedes vencer todos los obstáculos y dificultades. La luz de tu ángel jamás disminuirá, su amor tampoco. En este momento no existe nada más que la luz del ángel que te envuelve, y sabes que, al margen de lo que ahora mismo esté pasando en tu vida, todo irá bien y lo superarás sin problemas.

Si hay algo concreto de lo que te apetezca hablar con tu ángel, puedes hacerlo ahora. Sabes que tienes toda su atención y conocerá tus verdaderos sentimientos sobre el asunto y hará cuanto esté en su mano por ayudarte. El mero hecho de hablarlo con él servirá para que lo veas desde otro prisma, y su amor te dará perspectiva e ideas para afrontar y solucionar los problemas.

Dale al ángel tu amor a cambio. Puedes hacerlo imaginándote un amor profundo en el centro de tu corazón que se manifieste en forma de bella luz de color rosa que envuelva a tu ángel, o puedes decir: «Mi amor sea contigo, querido ángel», lo que te resulte más cómodo. Dale las gracias por estar contigo, y por la ayuda y la energía que te ofrece.

Relájate en el amor y la dicha que te envuelven mientras estés a gusto. Luego, cuando estés preparado, devuelve la conciencia a tu entorno real y concéntrate de nuevo en la respiración. Cierra los chakras como se describe en el capítulo 2 y luego bebe un poco de agua para anclarte realmente. ¡No te olvides de apagar la vela!

Después de haber contactado con tu ángel de la guarda a través de la meditación y de sentir un vínculo con él, es mucho más fácil establecer un lazo en cualquier lugar y momento que necesites que tu propio ángel especial te llene de energía y te ayude. Permanece recogido y en silencio unos instantes e imagina al hermoso ángel de pie frente a ti o envolviéndote en alas de amor. Sentirás el calor de su amor y la alegría que este trae a tu corazón. Contactar con tu ángel de la guarda es tan sencillo como eso, porque está siempre a tu lado enviándote amor y energía positiva a todas horas.

En tu día a día recuerda que tienes un amigo leal de los reinos angelicales justo al lado para darte ánimos y fuerzas, a fin de afrontar todas tus obligaciones y problemas conforme vayan surgiendo. Es una realidad verdaderamente maravillosa, y creerla y colaborar con ella hace la vida mucho más placentera. Saber que tienes a este amigo a tu lado significa que puedes hablar con él siempre que quieras con solo que permanezcas unos instantes en silencio y expresando mentalmente tus inquietudes o problemas al tiempo que te imaginas a tu ángel. Este es el inicio de una colaboración maravillosa que aportará alegría y una actitud positiva a todas las facetas de tu vida.

Capítulo 5

LOS COLORES DE TU ÁNGEL DE LA GUARDA

El color con que se te aparece tu ángel de la guarda es un indicador de lo que te falta o necesitas en el momento actual. Por ejemplo, el verde es un color limpiador y puede indicar que en este momento es necesario limpiar algo. Tal vez sea necesario limpiar una enfermedad del cuerpo, como una infección u otra enfermedad, o limpiar los pensamientos negativos y recurrentes de tu mente. Sea lo que sea lo que necesite limpieza, meditar en tu ángel de la guarda vestido con este color aliviará enormemente semejantes problemas y disipará la negatividad de tu mente.

Cuando medites en tu ángel de la guarda, imagínate bañado en luz verde y siente cómo la luz fluye por todo tu ser. Esta puede ser una meditación muy intensa para limpiar pensamientos no deseados o cualquier clase de infección. He descubierto que despeja con mucha rapidez las infecciones virales. La próxima vez que estés resfriado o tengas una infección similar, prueba a meditar en tu ángel de la guarda bañado en verde. Puede que esto acelere el proceso de sanación y te aporte una nueva vitalidad.

El verde es también el color de la armonía, y ver a tu ángel de la guarda bañado en una maravillosa luz verde esmeralda puede querer decir que vives la vida con mucha armonía o que necesitas un poco de armonía en ella. La disonancia puede adquirir muchas formas, una de las cuales pasa por no mantener un buen equilibrio entre el trabajo y el ocio. Si tienes este problema, la meditación en los ángeles querubines del capítulo 9 te ayudará enormemente proporcionándote la sabiduría necesaria para restaurar el equilibrio vital.

Si hay una disonancia con otra persona, sea un amigo, pareja o compañero de trabajo, la meditación en los tronos del capítulo 10 será muy beneficiosa para devolver la armonía a la relación. La disonancia con otras personas puede producirse por muchas razones, a menudo porque tenemos la sensación de que nos atacan o critican, o quizás un malentendido haya generado tensión. En semejantes situaciones, los tronos aportarán comprensión y sanación, indicándote cuál es la mejor medida que puedes tomar para recuperar la armonía.

El azul es un color muy pacífico, y si tu ángel de la guarda se te aparece bañado en luz azul, eso denota una necesidad vital de paz y tranquilidad. Puede que tu ritmo de vida sea frenético y necesites bajarlo un poco. Meditar en tu ángel de la guarda y absorber la luz azul dentro de tu aura contribuirá considerablemente a encontrar paz y tranquilidad. El mero hecho de meditar traerá a tu vida una profunda calma y te ayudará a mantenerla en todo lo que hagas.

Un ángel de la guarda que se te aparezca bañado en luz azul puede querer decir lo contrario: que eres una persona que ha encontrado una profunda paz interior y tiene una vida muy feliz. Hay paz profunda cuando te aceptas a ti mismo y asumes tus defectos con actitud positiva. Nadie es perfecto, pero nos cuesta mucho aceptarnos como somos. Aceptamos a los demás con todos sus defectos y estamos dispuestos a perdonar cualquier manía ajena que nos exaspere, pero ese no acostumbra a ser el caso con nosotros mismos. Tenemos una tendencia excesiva a acusarnos y juzgarnos a nosotros mismos como culpables.

Si has encontrado la paz interior, has avanzado mucho en el camino espiritual, porque la dificultad de aceptarnos tal como somos es uno de los mayores obstáculos que debemos superar para tener una vida feliz y positiva. Meditar en tu ángel de la guarda, visualizando que te envuelve en luz azul, te transportará a ese lugar de paz animándote a perdonarte por tus defectos y a aceptarte incondicionalmente. También puedes colaborar con los ángeles de las virtudes para aportar paz y armonía al mundo, tal como se describe en el capítulo 13, porque esta paz y esta armonía envolverán tu alma, llevando consigo una paz y plenitud profundas.

La luz amarilla alrededor de tu ángel de la guarda denota sabiduría, y puede significar que eres un alma con una gran sabiduría o puede querer decir que en este momento necesitas un poco de sabiduría en tu vida. Tal vez tengas un problema que haya que solucionar o vivas una situación que te está complicando la vida, y te iría bien un poco de sabiduría para arreglarlo. Medita en tu ángel de la guarda y visualízalo irradiando luz amarilla, y espera a que lleguen respuestas y revelaciones que te ayudarán en tu empeño; o medita en los ángeles de las dominaciones para adquirir sabiduría interior, como se detalla en el capítulo 11, pues ellos te ayudarán a contactar con esa chispa interior divina que contiene todas las respuestas que necesitas para llevar una vida armoniosa y feliz.

El amarillo también se asocia al valor o la falta de este, así que quizás experimentes una situación vital que te produce mucho miedo y una sensación de no saber en qué dirección ir. Meditar en tu ángel de la guarda, visualizando que irradia color amarillo, te aportará valor anímico, te ayudará a afrontar cualquier situación problemática y te indicará la manera de resolverla y seguir adelante.

Un ángel de la guarda bañado en una luz de color rosa denota amor. Tal vez seas una persona que tiene mucho amor que dar, en cuyo caso seguramente estés muy contento y feliz, porque el amor es la más poderosa de las emociones y darlo con altruismo a todo el que conoces contribuirá, sin duda, a que tu vida sea muy gratificante. Practica la meditación en los ángeles como se detalla en el capítulo 29 y envía tu amor al mundo con el amor de los ángeles. Este amor lleva sanación donde se necesita y lleva esperanza donde no la hay. El amor es una emoción muy poderosa y enviarlo al mundo proporciona ayuda y sanación a muchos que tan desesperadamente las necesitan. Es una labor muy inspiradora y gratificante que traerá a tu corazón una dicha incalculable, si compartes tu amor con la humanidad.

Es posible que ahora mismo falte amor en tu vida y necesites un poco de ternura. En ese caso, medita en tu ángel de la guarda bañado en una hermosa luz de color rosa y notarás un gran cambio en tu vida. Imagina que tu ángel de la guarda te envuelve con alas de amor y te consuela, y te sentirás mucho mejor y más positivo. Si en tu vida falta amor, esta meditación atraerá gente cariñosa a ella o tal vez cambie el modo en que tus colegas, familiares y amigos reaccionan a tu persona. El amor también comporta sabiduría, así que puede que se te ocurran ideas para cambiar de actitud y atraer amor a tu vida. La meditación en los ángeles de los tronos del capítulo 10 te ayudará también a solucionar problemas concretos que tengas con otras personas y contribuirá a reducir tu soledad, si es que eso te perturba especialmente.

El dorado es un color intenso y denota calidez, energía positiva y sabiduría. Si tu ángel de la guarda irradia una luz dorada, eso indica que eres una persona cálida y positiva que no tiene muchos problemas para afrontar los obstáculos vitales. Has encontrado tu verdadero camino y disfrutas de la satisfacción y el placer que eso conlleva.

El dorado puede también significar que en este momento necesitas la energía de este color en tu vida, porque por lo que sea tu actitud es negativa. Medita en tu ángel de la guarda y visualiza que te envuelve en una espléndida luz dorada, y siente cómo todo tu cuerpo irradia la calidez de este color. El dorado te devolverá una actitud positiva ante la vida, aportará lucidez a tu estado mental y emocional, y una calidez anímica que cambiará tu forma de entender la vida. La meditación en los querubines del capítulo 9 también repercutirá muy fuertemente en las actitudes negativas y traerá energía positiva donde haga falta.

El dorado es un color muy beneficioso si, por lo que sea, estás deprimido. Medita en tu ángel de la guarda y siente que te envuelve un hermoso rayo dorado de amor que te rodea totalmente de pies a cabeza. Te traerá sabiduría para entender por qué estás deprimido y qué puedes hacer al respecto. Es un color maravilloso en el que meditar cualquier tarde de invierno que estés un poco chafado, porque los rayos dorados llevarán a tu alma el sol veraniego y te levantarán el ánimo para afrontar la vida con otra energía. De hecho, si en invierno sufres ataques de melancolía, este es un buen color en el que bañarse para sentir el impulso positivo del sol dorado. Yo sufrí durante varios años ataques de melancolía hasta que empecé a trabajar con mi ángel de la guarda y el rayo dorado. Eso me ayuda realmente a levantar el ánimo y me llena de energía positiva y felicidad.

Si tienes un problema serio de depresión, la meditación en el arcángel Jophiel, tal como se describe en el capítulo 27, puede ser muy sanadora y levantar mucho el ánimo. Es un ángel poderoso y, con ayuda de tu ángel de la guarda, el arcángel Jophiel puede realmente levantarte el ánimo y obrar una maravillosa sanación, ya que la depresión es una enfermedad grave. Si estás muy deprimido, consulta siempre con tu médico porque es posible que haya una causa subyacente.

El color violeta se asocia con el yo superior, de modo que si tu ángel de la guarda se te aparece bañado en luz violeta significa que estás muy cerca de esa chispa divina interior. El violeta indica que alguien está muy avanzado en el camino espiritual e implica que te esfuerzas al máximo para descubrir lo divino que hay en ti. Meditar en tu ángel de la guarda y en la luz violeta te acercará más a tu objetivo y te aportará sabiduría y valor, y un amor desinteresado hacia toda la humanidad y todas las criaturas de la Tierra. Es algo que no puede traer más que felicidad y alegría, porque conectar con el yo superior que tienes dentro es descubrir y vivir desde tu verdadero yo esa chispa interior que es divina. Descubrirás la verdad de tu ser, que te proporcionará una satisfacción eterna y muchísima felicidad en la entrega a los demás. El yo, el ego, pueden aparcarse por fin, y la verdad de tu ser puede resplandecer para sanar y ayudar donde lo creas necesario. Las meditaciones de este libro que envían amor y sanación al mundo para problemas concretos te resultarán especialmente gratificantes y te aportarán una inmensa felicidad y alegría, acercándote aún más a la chispa divina que hay en ti.

El violeta es el color de la sanación, ya que Jesús era el Gran Sanador, de modo que si tu ángel de la guarda se te aparece bañado en violeta puede que sea porque tienes poderes sanadores. Desarrollarlos y llevar sanación al mundo tanto individual como globalmente le proporcionará a tu alma una satisfacción enorme. Procura colaborar con el arcángel Rafael para enviar sanación a quienes lo necesitan, tal como se especifica en el capítulo 20. Es un trabajo muy gratificante que desarrollará tus facultades sanadoras.

Si tu ángel de la guarda está bañado en luz naranja o roja, significa que es posible que te falte energía física vital. Quizás estés con menos fuerzas debido a una enfermedad o una época especialmente estresante, y tengas la energía por los suelos. También podría denotar una falta de ejercicio de la que eres consciente, pero ¡que no remedias! Meditar en tu ángel de la guarda, visualizando que irradia una radiante luz naranja, contribuirá a restablecer el equilibrio de tu nivel energético y conllevará una hermosa sanación de cuerpo y mente.

El naranja es el color de la energía, así que llenarte de la luz naranja de tu ángel de la guarda solo puede rejuvenecer tu espíritu y tu alma. Cuando una persona se siente débil, puede ser muy difícil volver al nivel normal de energía. Meditar en tu ángel de la guarda y visualizar que irradia luz naranja puede reequilibrar tu energía y proporcionarle a tu cuerpo un vigor renovado. La meditación en los querubines del capítulo 9 también es beneficiosa si tienes un nivel bajo de energía, ya que estos ofrecen una sanación intensa y energía positiva al alma cansada.

Si tu ángel de la guarda se te aparece bañado en una hermosa luz plateada, significa que vas por el buen camino y estás haciendo progresos en el sendero espiritual. El plateado indica progreso espiritual, y meditar en tu ángel de la guarda bañado en plata te dará la sabiduría y la ayuda que necesitas para crecer espiritualmente. Trabajar con las potestades para contribuir a combatir el mal en el mundo, tal como se describe en el capítulo 14, te proporcionará una enorme satisfacción espiritual y te ayudará a crecer con amor y sabiduría.

El plateado es asimismo indicador del dolor, sea físico o emocional, y en este sentido es un color muy sanador. Siempre que tengo un dolor agudo, como por ejemplo ardor estomacal por una indigestión o algún dolor muscular, me imagino un intenso rayo plateado que mi ángel de la guarda irradia hacia el punto que me duele, y el dolor suele irse bastante rápido. El dolor es indicio de que algo va mal, por lo que aconsejo que los dolores persistentes los examine un médico.

Si sufres dolor emocional, meditar en tu ángel de la guarda bañado en una intensa luz plateada puede ayudarte a sanar las heridas que tanto te angustian y aportarte la sabiduría necesaria para saber cómo afrontarlo. El sufrimiento emocional puede ser muy difícil de sobrellevar, porque envía pensamientos negativos a tu mente que dan vueltas y más vueltas y no hacen más que acrecentar el dolor. A la mente le cuesta desprenderse de este dolor y vuelve constantemente a la situación que lo ha originado. La luz plateada de tu ángel de la guarda puede sanar este problema mental negativo y curar ese sufrimiento tan deprimente. Si hace falta perdonar, tu ángel de la guarda puede brindarte la fortaleza y la comprensión necesarias para hacerlo, ya que en situaciones semejantes perdonar es la única manera de hallar una verdadera sanación. Trabajar con los tronos, tal como se especifica en el capítulo 10, también es muy intenso en los casos en que se necesita perdón, porque especialmente ellos brindan su ayuda cuando hay un conflicto interpersonal.

Si tu ángel de la guarda se te aparece bañado en un blanco puro, eso denota pureza de corazón y mente. Indica que eres un alma muy evolucionada que sabes perfectamente hacia dónde va tu vida. Tienes claro el rumbo de tu camino espiritual y este sendero te proporciona una plenitud y una dicha enormes. Practicar las meditaciones de este libro dirigidas a enviar armonía, sanación y amor aportará a tu alma una satisfacción especial y te ayudará a seguir avanzando en el sendero elegido.

Sin embargo, un ángel de la guarda bañado en blanco también puede querer decir lo contrario y denotar confusión de corazón y de mente acerca del camino espiritual correcto que has de tomar. Si meditas en tu ángel de la guarda y lo visualizas vestido de blanco y envolviéndote en una luz blanca y pura, tus preguntas obtendrán respuesta y tus dudas sanarán. Un nuevo camino se abrirá ante ti y por fin tendrás la sensación de haber encontrado el rumbo adecuado. Estate receptivo a las señales e indicaciones, que pueden llegar de muchas maneras: por ejemplo, dando con un libro en una librería que enseguida te llama la atención y te indica el camino que debes seguir, o quizá sea un amigo el que te haga abrir los ojos a un nuevo estilo de vida. Sabrás que estás en la dirección correcta porque experimentarás una sensación agradable, una sensación de satisfacción y emoción porque estás, al fin, en el camino adecuado.

La meditación en el arcángel Chamuel del capítulo 24 te ayudará si tu camino espiritual te genera confusión, ya que su sabiduría y amor aportarán lucidez a la maraña de pensamientos. Te dará una indicación inequívoca de cuál es la mejor ruta que puedes seguir, porque el arcángel Chamuel ayuda donde se necesita sabiduría interior. Dirigirá sus claras orientaciones hacia tus interrogantes y la confusión acerca del camino espiritual que te conviene.

Los ángeles de la guarda pueden aparecerse bañados en diversos colores a la vez, ya que puede que en un momento dado se junten varios problemas importantes en tu vida. Si tu ángel de la guarda se te aparece con todos los colores del arco iris, no te aturdas, porque eso significa que eres una persona muy equilibrada, por lo que es evidente que algo estás haciendo bien. Significa que tienes claro tu sendero vital y todo bien equilibrado: el trabajo y el descanso, lo material y lo espiritual.

Al igual que con todos los demás colores, lo contrario también puede ser cierto. De ser así, dedica un rato a meditar en tu ángel de la guarda bañado en los colores del arco iris para conseguir que tu vida se equilibre de forma más equitativa. Seguramente estés muy estresado, por lo que es muy importante lograr un equilibrio entre el trabajo y el relax. Intenta meditar en tu ángel de la guarda visualizando que irradia una luz verde, pues es el color de la armonía y te dará sabiduría para reequilibrar tu vida. Meditar en los querubines, como se detalla en el capítulo 9, también contribuirá en gran medida a restaurar el equilibrio entre el trabajo y el ocio, recuperando así tu nivel energético y tu equilibrio de mente, cuerpo y espíritu.

Tengas el problema que tengas, tu ángel de la guarda está a tu disposición a cualquier hora del día. Jamás te abandonará y está más que dispuesto a emplear su magia para incidir en tu vida. Esta magia puede ser verdaderamente prodigiosa y sanadora. Tener un amigo al que poder confiarle cualquier cosa es un regalo maravilloso que hará que la vida sea feliz y excitante. Cuando estés bajo de ánimos, confuso o no sepas cuál es la dirección correcta, imagínate envuelto en las alas de tu ángel de la guarda y sentirás que el amor más intenso te llena de energía, un amor que te traerá un entusiasmo renovado por la vida y lucidez para tomar las decisiones correctas. Es realmente maravilloso tener un amigo así que pueda hacer auténtica magia en tu vida.

Capítulo 6

JERARQUÍAS DE ÁNGELES

Los ángeles se organizan en jerarquías, que se subdividen en coros. Cada coro de ángeles cumple con una función distinta. A los ángeles no les importa el estatus jerárquico, porque todos los ángeles llevan a cabo la misión de Dios y su única razón de ser es el bien de la humanidad y de la Tierra.

A lo largo de los siglos los seres humanos han dado a los ángeles diversos grados de importancia, y hemos atribuido papeles de mayor relevancia a algunos de ellos, lo que hace que nos parezca que están muy lejos de nosotros. Pero todos los ángeles son humildes y dan la misma importancia a todo lo que hacen. Conviene tener esto presente al trabajar con ellos, ya que es fácil que nos abrume la supuesta importancia de algunos ángeles, como la de los serafines quizá. Pero los serafines están encantados de tener la oportunidad de trabajar directamente con los seres humanos en pie de igualdad y no se consideran más importantes que el ángel que cuida de una sencilla flor silvestre.

En el siglo VII d.C., el papa Gregorio Magno proclamó que había nueve «órdenes de ángeles», cada una con un cometido distinto. Estas nueve órdenes, conocidas como coros, se dividen en tres jerarquías de tres coros cada una. Lo que sigue es una breve lista que puede usarse como guía para encontrar el ángel con el que deseas trabajar en un momento dado.

PRIMERA JERARQUÍA, PRIMER CORO

Serafines

Los serafines dan todo su amor y su apoyo a la humanidad cuando se produce algún tipo de catástrofe, causada por el hombre o natural. Su energía está tanto con quienes realizan labores de rescate como con las víctimas, y sintonizar con los serafines en momentos catastróficos puede focalizar y dirigir considerablemente la energía de estos ángeles hacia donde más se necesita. Es una forma hermosa de ayudar a los ángeles serafines en su labor sanadora.

PRIMERA JERARQUÍA, SEGUNDO CORO

Querubines

Los querubines se ocupan de la energía positiva, y meditar en ellos puede ayudar a recuperar un poco la «chispa» vital si estamos fatigados, puede que por exceso de trabajo o por enfermedad. Los querubines también nos ayudan cuando estamos estresados y cansados, restaurando la energía y aportando sabiduría para que reorganicemos nuestras ajetreadas jornadas laborales. Ayudan, asimismo, en casos de letargo, revitalizando los patrones de pensamientos negativos que pueden conducir al letargo y a una actitud abúlica ante la vida.

PRIMERA JERARQUÍA, TERCER CORO

Tronos

Los tronos nos apoyan en cualquier problema interpersonal o de soledad que tengamos. La meditación en estos ángeles ayudará en gran medida a resolver cualquier dificultad o disonancia que tengamos con otra persona, sea la pareja, un amigo, un compañero de trabajo o un miembro de la familia. Los tronos también nos echan una mano si nos sentimos solos, ayudándonos a atraer personas a nuestras vidas con las que tengamos afinidad.

SEGUNDA JERARQUÍA, CUARTO CORO

Dominaciones

Las dominaciones nos recuerdan que somos seres espirituales y que nuestro propósito en la Tierra es encontrar nuestro verdadero yo espiritual. Nuestro yo espiritual da amor desinteresadamente a toda la humanidad, que podemos enviar al mundo en beneficio de todos. Encontrar nuestro verdadero yo espiritual puede aportarnos la mayor de las dichas y la mayor paz, porque sabemos que todo está bien en nuestras vidas, y los problemas se disipan o se aligeran vistos desde la perspectiva del espíritu.

SEGUNDA JERARQUÍA, QUINTO CORO

Virtudes

Las virtudes se encargan principalmente de los problemas medioambientales y de cuidar la Tierra. Llevan la luz de la sabiduría a aquellos que ocupan cargos de poder en el mundo para incrementar su conciencia protectora del entorno. También ayudan a todas las organizaciones e individuos cuya labor se centra en los problemas medioambientales y el cuidado de nuestro planeta. Las virtudes tienen toda la Tierra a su cargo y trabajan incansablemente para sanar el planeta. Podemos colaborar con ellas para darle más ímpetu a esta labor.

También actúan creando armonía entre las naciones, y en esta importantísima misión podemos ayudarles considerablemente. En la actualidad, hay muchas situaciones en el mundo que precisan la sabiduría y el poder de armonización de los ángeles para llevar la paz donde hay conflicto.

SEGUNDA JERARQUÍA, SEXTO CORO

Potestades

Las potestades son muy poderosas y es un placer colaborar con ellas, porque son los ángeles que combaten el mal de nuestro mundo. Creas o no en el mal, el trabajo de las potestades consiste en hacer que afloren el amor y la bondad del corazón humano y en eliminar la negatividad, o el «mal», en todas sus formas. Todos los días escuchamos noticias de diversas manifestaciones de este supuesto mal en el mundo, desde el narcotráfico hasta el maltrato infantil. La labor de estas potestades combatiendo esta actitud negativa del corazón humano es realmente intensa, y no podemos infravalorar nuestro esfuerzo por ayudarles a llevar a cabo su misión. Alguien, en algún lugar, será tocado por las alas de los ángeles, y en alguna parte del mundo despertará una pizca más del poder positivo del corazón humano.

TERCERA JERARQUÍA, SÉPTIMO CORO

Principados

Los principados se dedican a proteger las especies en peligro de extinción y brindan su ayuda a todos los que luchan por esa causa.

Asimismo, los principados ayudan a las organizaciones que luchan por los derechos humanos y a aquellos que trabajan para erradicar la discriminación en todas sus formas. Si te sientes discriminado por la razón que sea, estos son los ángeles con los que tienes que trabajar. Los principados aportan su energía donde hay injusticia en el mundo, especialmente donde la discriminación es un problema, como cuando hay tensión entre distintos credos o diferentes razas o tribus. El trabajo en colaboración con los principados es muy efectivo para aportar armonía cuando surgen semejantes tensiones.

Los principados son también los ángeles guardianes de los pueblos y ciudades. La ciudad tiene aspectos positivos y negativos, y podemos trabajar con los ángeles para concentrarnos en las energías positivas inherentes a las áreas urbanas. En la ciudad actúan muchos ángeles distintos, incluidos diversos ángeles creativos y los ángeles de la naturaleza, que cuidan de los parques, la fauna y la flora.

TERCERA JERARQUÍA, OCTAVO CORO

Arcángeles

Los arcángeles quizá sean los ángeles más conocidos de todos, ya que son los que se han aparecido con más frecuencia a la humanidad transmitiendo mensajes de Dios. Dicen que hay siete arcángeles, cada uno con distintos atributos.

ARCÁNGEL MIGUEL

Miguel fue el primer ángel que creó Dios, y su nombre significa «el que es como Dios». Protege a los débiles de la injusticia y formar parte de esta labor puede ser realmente gratificante. Enviar el amor y la protección de Miguel al mundo aportará a tu alma una energía positiva renovada.

ARCÁNGEL RAFAEL

El nombre de Rafael significa «poder sanador de Dios». Es un sanador muy poderoso y también se ocupa del amor altruista. La meditación en Rafael traerá a tu cuerpo el poder sanador de Dios y contribuirá a ahuyentar el miedo que puede provocar una enfermedad grave, llevando a tu corazón una nueva confianza en tu recuperación.

ARCÁNGEL URIEL

El nombre de Uriel significa «Dios es mi luz». Este arcángel se considera uno de los ángeles más sabios por sus amplios conocimientos. Si en tu vida falta inspiración, este es el ángel al que tienes que invocar, porque aportará ideas nuevas cuando sea necesario. Tal vez tu vida se haya vuelto bastante rutinaria y sepas que necesitas un nuevo plan de acción, pero no sabes cuál. Uriel, con su enorme sabiduría, te señalará la dirección adecuada y te ayudará a darle un giro a tu vida de la forma más positiva. Quizá sepas lo que quieres conseguir en esta vida, pero no sepas cómo llegar a ello. El arcángel Uriel te mostrará el camino y te ofrecerá inspiración para alcanzar tus sueños.

ARCÁNGEL GABRIEL

El nombre de Gabriel significa «fuerza de Dios». Es el mensajero de Dios y te transmitirá mensajes si has hecho una pregunta sobre tu camino espiritual. Gabriel es a su vez el ángel que te ayudará si estás experimentando algún gran cambio vital. Su ayuda contribuirá a que las cosas salgan bien y te dará valor para afrontar la transición.

ARCÁNGEL CHAMUEL

El nombre de Chamuel significa «el que busca a Dios». Este arcángel puede prestar mucha ayuda a aquellos que están en el camino espiritual. Algunas veces la búsqueda espiritual puede ser confusa, pero Chamuel te guiará para que encuentres las respuestas adecuadas a tus preguntas y te llevará a un lugar de complicidad y paz profunda.

Uno de los temas más confusos del camino espiritual es el de la riqueza y el dinero. Chamuel puede ayudarte a verlo con objetividad y te echará una mano si tienes problemas económicos. A menudo las personas que están en la senda espiritual ven el dinero de forma negativa, ¡y luego se sorprenden cuando tienen problemas económicos! El arcángel Chamuel te hará entender que la prosperidad es un derecho de todos los hijos de Dios y que el dinero no tiene que influir negativamente en el mundo. Hay numerosos ejemplos de que la avaricia comporta una actitud negativa, pero eso no significa que el dinero sea malo en sí ni que todo el mundo tenga que ser pobre. El dinero puede utilizarse para causas positivas, y el arcángel Chamuel te hará entender que la abundancia es tu derecho de nacimiento.

ARCÁNGEL JOPHIEL

El nombre de Jophiel significa «belleza de Dios». Este es el ángel del arte y la belleza. Si quieres ser más creativo en esta vida, es el ángel con el que has de sintonizar. La meditación en Jophiel traerá inspiración a tu corazón y tu mente, ya porque estés sufriendo un bloqueo creativo, ya porque desees explorar talentos creativos latentes.

Asimismo, el arcángel Jophiel brindará su inmenso amor para sanar tu alma si estás deprimido o hundido por algo. La meditación regular en Jophiel te levantará el ánimo y llevará de nuevo la alegría a tu corazón.

ARCÁNGEL RAGUEL

El nombre de Raguel significa «amigo de Dios» y es el ángel de la justicia y la equidad. También traerá confianza a los que carecen de ella. La meditación en Raguel traerá a tu corazón una nueva confianza, la clase de confianza que solo puede venir de Dios.

TERCERA JERARQUÍA, NOVENO CORO

Los ángeles

Conocido simplemente como «ángeles», este es el coro que trabaja sin descanso para llevar la palabra de Dios a los corazones de la humanidad. Esa palabra es amor y es el ingrediente mágico necesario para llevar la sanación a todos los planos de la vida de uno. Los ángeles son intermediarios entre los humanos y Dios, y suelen ser los que se aparecen a los seres humanos. Son los ángeles protagonistas de los «avistamientos». Están presentes en el alumbramiento y la muerte y en cualquier forma de transformación, y te protegerán si estás en peligro. Los ángeles son también ángeles de la naturaleza que supervisan el desarrollo y el crecimiento de cada planta. Nuestros ángeles de la guarda proceden de este reino de ángeles.

Capítulo 7

SERAFINES:
SANAR CUANDO OCURREN CATÁSTROFES

Las catástrofes naturales nos hacen tomar conciencia de nuestra unión con toda la población de la Tierra. Podemos sentirnos impotentes ante la desesperación y las vicisitudes que afrontan los supervivientes y quienes realizan las labores de rescate, y aunque donemos dinero para ayuda humanitaria, es posible que eso parezca insuficiente. Dar dinero es una gran ayuda a nivel material, pero quizá queramos contribuir a sanar el dolor y el trauma que padecen los supervivientes.

Orar a través de la meditación en los serafines, que velan por la humanidad en esos momentos, es una manera muy intensa de ayudar de forma constructiva a todos los implicados en semejantes catástrofes. Los serafines son también los ángeles con los que hay que sintonizar cuando se ha producido un ataque terrorista en el que ha habido muchos heridos o muertos.

Dondequiera que haya sufrimiento humano a gran escala están los serafines para aportar su amor y su sanación. En los últimos años, parece que ha habido un considerable aumento de ataques terroristas y catástrofes naturales, como inundaciones, tsunamis y terremotos. Así que cuando se produzca una catástrofe natural o causada por el hombre, que ponga en peligro las vidas de cientos o miles de personas, puedes sintonizar con los serafines, que son puro amor, y visualizar la luz que emanan envolviendo toda la zona de la catástrofe. No te sentirás tan impotente y tendrás la sensación de estar realmente haciendo algo físico por ayudar.

Los serafines infundirán valor en los corazones de todos los implicados en las labores de rescate y auxilio, y también ofrecerán su inmenso amor a aquellos que sobrevivan y sientan el dolor de haber perdido a seres queridos. Pueden ayudar a sanar el trauma que supone sobrevivir a semejantes catástrofes, y si lo hacen a través de la abnegada mediación de alguien del plano terrenal, su labor es mucho más intensa.

Esta forma de colaborar con los ángeles brinda a cada ser humano implicado en la catástrofe una poderosa sanación en el plano espiritual y puede llenar el vacío de indefensión que sentimos a causa de la abrumadora desesperación que generan tales acontecimientos.

Conviene tener presente que cada individuo implicado en una catástrofe tiene un ángel de la guarda que le ayuda, pero cuando una persona se ve envuelta en un acontecimiento semejante, es difícil mantener el contacto con la realidad espiritual de su ser. Es ahí donde el intenso amor de los serafines puede ayudar tanto, abriéndose paso entre la conmoción y el dolor, y llevando consuelo, esperanza y ánimo a los desesperados.

Ejercitando esta práctica con los ángeles serafines, contactarás con el corazón divino de tu alma, que aportará una satisfacción y un amor profundos que inundarán todo tu ser. Es el amor divino lo que tienes que enviar al mundo para sanar y levantar el ánimo de todos los que están sumidos en sus horas más bajas. Este amor también penetrará en tu propia vida y sentirás más paz en tu día a día. Actuar desde el amor divino del centro de tu corazón tendrá sus propias recompensas.

Los ángeles serafines cantan un hermoso canto: «Gloria, gloria, gloria, la Tierra está llena de Su gloria». Esto significa que todos los habitantes de la Tierra, todos los seres vivos, son criaturas gloriosas de enorme poder y belleza. Esta es nuestra verdad. Somos seres con un gran poder y, por pequeña que creas que es tu contribución a la sanación de la humanidad, en realidad estás aportando algo grande y positivo. Ten siempre presente la canción de los serafines mientras colabores con los ángeles para llevar la sanación no solo a tu persona, sino a toda la humanidad y el planeta.

ORACIÓN A LOS SERAFINES

Queridísimos ángeles serafines: llevad vuestra luz a las tinieblas que se ciernen sobre la humanidad e iluminad con esta maravillosa luz sus temores y desesperación. Os damos las gracias por vuestro amor, que levanta el espíritu en los momentos más bajos, y os rogamos que nuestra propia luz interior pueda contribuir a la labor de sanación.

MEDITACIÓN EN LOS SERAFINES PARA SANAR

Prepárate para la meditación, sentándote frente a tu altar angelical y concentrándote en el ritmo natural de tu respiración. Enciende tu vela y recuerda que la llama simboliza la luz de Dios que brilla en todas las almas de la Tierra. Si te sientas en una silla, asegúrate de que tu espalda está recta y los pies firmemente apoyados en el suelo. Quizá te resulte más cómodo cruzarlos. Reza la oración de los ángeles serafines para focalizar la mente en la tarea que te dispones a abordar. Cierra los ojos y realiza el ejercicio de relajación detallado en el capítulo 2, luego imagínate que estás en tu propio templo especial. Tu ángel de la guarda te recibe con júbilo y te envuelve en una cálida luz dorada.

Piensa en el nombre de la zona a la que quieres ayudar. Dilo para tus adentros o visualiza una escena allí y concéntrate en tu intención de trabajar con los ángeles. Imagina un hermoso ángel frente a ti vestido de violeta, pues este es el color de los serafines, el color del poder sanador. Siéntete en armonía con el ángel en su amor hacia toda la humanidad. Contempla la hermosa luz violeta que rodea al ángel e inunda todo tu templo. Repite para tus adentros el nombre de la zona del desastre y observa cómo la luz del ángel brilla sobre toda ella.

Además del ángel de la guarda de cada individuo implicado en la catástrofe, también están los ángeles de la zona concreta. Es mucho el poder angelical que puede invocarse para ayudar a los serafines en su labor. Imagínate la zona entera inundada con la luz de los ángeles, una luz bella, pero intensa. Si lo deseas, imagínate que la luz es de color violeta, el color de los serafines.

Procura apartar cualquier emoción que sientas con respecto a la catástrofe, como tristeza u horror por sus dimensiones, o bien odio y rabia contra los autores de semejante crimen, porque eso dificultará más el trabajo de los ángeles. Intenta no implicarte emocionalmente e imagínate con absoluta claridad que la luz de los ángeles rodea la escena entera. Ten presente que esta luz ayudará tanto a los supervivientes como a quienes realizan las labores de rescate.

Concéntrate en esta imagen mientras estés a gusto y luego devuelve la atención a tu respiración. Da gracias por poder ayudar así a los ángeles serafines a hacer su trabajo por la humanidad y envíales también tu amor. Puedes hacerlo pronunciando para tus adentros las palabras: «Mi amor sea con vosotros, queridos ángeles», o envía un rayo de luz rosa desde el centro de tu corazón al ángel en cuestión, lo que te resulte más cómodo. Cierra los chakras como se detalla en el capítulo 2.

Esta meditación puede hacerse para cualquier catástrofe natural, como un terremoto, un tsunami, un accidente de tren o avión, o cualquier acto terrorista. A ser posible, repítela a diario hasta que sientas que tu labor ha finalizado. No dudes de tu capacidad de ayudar a los ángeles en esta misión, porque nos traen la certeza de que somos seres muy poderosos, y trabajar así con ellos siempre nos aporta consuelo y apoyo. Tu colaboración con los ángeles y la luz llevará esperanza a los corazones de muchos, y valor para empezar de nuevo y reconstruir vidas rotas con un corazón positivo.

Capítulo 8

QUERUBINES:
PROTECCIÓN CONTRA LA NEGATIVIDAD

Los querubines son los ángeles de la armonía y la sabiduría, y ofrecen protección contra las fuentes negativas, de modo que si crees que necesitas alguna clase de protección, estos son los ángeles a los que hay que invocar. Si te encuentras en una situación negativa o amenazante y quieres protección, recurre a los ángeles querubines e imagínate a un hermoso ángel que te envuelve con sus alas de la manera más reconfortante. Serán los querubines los que vendrán en semejantes momentos, trayendo energía positiva para afrontar la situación.

Una amiga mía llamada Caroline se vio en una situación laboral de este tipo. En una reunión, un miembro del equipo mostró una actitud manifiestamente negativa hacia ella y se regodeó sacando a relucir sus fallos, poniéndola en evidencia y haciéndole parecer inepta. Pese a su angustia y desesperación porque no sabía cómo manejar aquello, mantuvo la calma y se imaginó que un ángel querubín la envolvía en amor y protección. Sintió realmente el aura reconfortante del ángel envolviéndola y su mente tuvo más claras las respuestas que tenía que dar. Fue capaz desenvolverse de forma positiva y de responder a las diversas críticas a su trabajo demostrando que estaba sobradamente capacitada para el puesto. Las expectativas laborales de Caroline no se vieron afectadas.

Este ejemplo muestra lo deseosos que están los ángeles de venir en nuestra ayuda, si hacemos el esfuerzo de contactar con ellos y pedir auxilio. Por pequeño que pueda parecer el problema, los ángeles están siempre dispuestos a entregar su amor y su apoyo, ya que ante la angustia de alguien no hay cometido demasiado insignificante para ellos. Entienden la vulnerabilidad del ego y están siempre dispuestos a protegernos y darnos ánimo, y a aportar energía positiva a cualquier situación.

Si sientes cualquier clase de amenaza, la siguiente meditación traerá a los querubines a tu lado para protegerte y sanar la situación.

ORACIÓN A LOS QUERUBINES

Queridísimos ángeles querubines: doy gracias por vuestra protección en este momento de mi vida, y sé que con vuestro amor y vuestra guía estoy a salvo y en buenas manos. Vuestra energía positiva inunda mi corazón y sé que con vuestra ayuda puedo afrontar todas las situaciones difíciles.

MEDITACIÓN EN LOS QUERUBINES PARA PEDIR PROTECCIÓN

Siéntate frente a tu altar y enciende tu vela, teniendo presente que la llama simboliza el poder interior divino. Tu ángel de la guarda está contigo como de costumbre para ofrecerte más protección y apoyo. Reza la oración a los querubines y luego relájate.

Visualízate en tu templo especial y contempla ante ti la hermosa luz del ángel querubín. La luz del ángel te envuelve con un aura extraordinariamente protectora. Esta luz se extiende por todo tu ser, trayendo sabiduría para permitirte afrontar la situación de la forma más positiva. Se te ocurrirán ideas para resolverla y sabrás que no hay nada que temer, porque los ángeles están a tu lado a todas horas irradiando una energía protectora que te envuelve.

Visualiza también a la otra persona(s) rodeada de una luz dorada, porque eso sanará en gran medida la situación. Como medida protectora adicional, visualízate en el centro de una cruz de luz inserta en un círculo de luz. Retén esta imagen y esta sensación mientras te resulte agradable y luego devuelve la conciencia a lo que te rodea. Cierra los chakras como se detalla en el capítulo 2 y a continuación bebe un poco de agua para anclarte aún más. Da las gracias a los querubines por su ayuda y protección. La próxima vez que te sientas amenazado, quédate simplemente entre las amorosas alas del ángel querubín, y al instante te sentirás a salvo y capaz de afrontar la situación.

Si hay algún tipo de amenaza inminente, permanece en una cruz de luz inserta en un círculo de luz junto con las alas envolventes del ángel querubín, y esto te proporcionará una protección inmediata.

Capítulo 9

QUERUBINES:
ACCEDER A LA ENERGÍA POSITIVA Y ENCONTRAR EL EQUILIBRIO

En determinados momentos de la vida todos tenemos la sensación de que nos vendría bien un poco de energía positiva, pero cómo conseguirla es un gran problema cuando estamos agotados, estresados o físicamente débiles. Cuando nos sentimos así, es fácil adoptar una actitud negativa ante la vida y hasta los problemas más insignificantes pueden parecer abrumadores. Esto, a su vez, hace que nos sintamos incapaces de afrontarlos, lo que trae más negatividad a nuestros pensamientos y sentimientos, y de este modo se crea un círculo vicioso de energía negativa del que es muy difícil salir.

Los ángeles querubines entienden lo fácil que es caer en la trampa de la negatividad, y son capaces de romper ese círculo vicioso y devolver el bienestar y la armonía a tu vida. Son ángeles con un amor infinito, capaces de infundir energías renovadas a tu mente y tu cuerpo. Una sencilla meditación en los ángeles querubines es una forma segura y productiva de devolver el entusiasmo y la emoción a tu vida, lo que a su vez creará una actitud positiva y traerá nuevas energías y una vitalidad renovada.

Esta energía positiva de lo divino es la que da vida a todo el universo y crea todas las cosas buenas y constructivas. Esta mis-

ma energía que mantiene los planetas en movimiento y la suce-
sión de las estaciones fluye por nuestro interior y procede directamente de Dios. Los querubines pueden ayudarnos a acceder a
esta energía divina en nuestro verdadero beneficio cuando de alguna manera nos sintamos privados de ella y sin fuerzas.

Los ángeles querubines contribuirán a reemplazar los sentimientos de fatiga y la incapacidad de afrontar una nueva sensación de entusiasmo y alegría. Su dulce sabiduría te hará ver que
puedes tomarte las cosas con más calma y priorizar, creando así
un estilo de vida más equilibrado. Un equilibrio sano entre el trabajo y el ocio es esencial para una vida armoniosa, y la meditación en los querubines de este capítulo contribuirá a restaurar
dicho equilibrio, aportándote sabiduría para poner en orden tu
vida y reequilibrarla. Eso te dará una actitud positiva ante esta
que activará todo tu ser, creándose de este modo un círculo de
energía positiva, en lugar de negativa.

Es posible que no estés agotado ni estresado, sino todo lo contrario, y que tu estado anímico y físico sea letárgico y negativo, y
te haga tirar la toalla y pensar que muchas cosas con las que antes
disfrutabas no valen la pena. Es muy difícil salir de ese estado de
ánimo, ya que la negatividad se nutre de patrones de pensamientos negativos, al igual que la actitud positiva se nutre de patrones
de pensamientos positivos. Es muy posible que la apatía venga de
la mano de una actitud negativa ante la vida, pero la energía positiva de los ángeles querubines puede romper este dañino círculo de pensamientos negativos, y devolver la motivación y la alegría a tu corazón y tu mente.

Esta es la magia especial de los querubines: la facultad de
romper el círculo vicioso de la negatividad y sanar mente y cuerpo de su apatía. Los querubines traen la energía y el calor del sol

a nuestras vidas para convertir el letargo y los sentimientos negativos en energía gozosa y entusiasmo vital; nos vuelven a conectar con nuestro yo interior, donde reside la energía infinita del espíritu, esa energía que es Dios y es nuestro derecho de nacimiento.

Con ayuda de los querubines, volvemos a sentir una energía positiva que nos aporta una nueva determinación para afrontar los retos vitales, e inspiración para exprimir la vida al máximo.

Es posible que también experimentemos una sensación de letargo si estamos convalecientes por enfermedad. La suave luz dorada de los querubines conllevará una sanación maravillosa. Será como si el sol veraniego inundase suavemente cuerpo y alma, obrando una maravillosa sanación y generando nuevas energías. Suelo usar esta meditación cuando una infección viral o un resfriado han mermado mis fuerzas. ¡Es una inyección extraordinaria que devuelve cierta chispa a mi vida!

La siguiente meditación en los querubines revitalizará tu mente y tu cuerpo, y te dará ideas para vivir la vida con más equilibrio y alegría.

ORACIÓN A LOS QUERUBINES

Queridísimos ángeles querubines: os damos las gracias por vuestra energía positiva, que calienta nuestros corazones y trae energías renovadas a nuestras almas cansadas. Recordadnos la luz de Dios que brilla en nuestro interior, y ayudadnos a entender el potencial de nuestro espíritu. Mostradnos el camino para usar nuestra energía con sensatez, por nuestro bien y por el bien de los demás.

MEDITACIÓN EN LOS QUERUBINES
PARA OBTENER ENERGÍA POSITIVA

Siéntate cómodamente frente a tu altar con la espalda recta y haz varias inspiraciones profundas para relajarte. Si lo deseas, enciende tu vela y recuerda que la llama simboliza la luz y la energía interiores que son parte de lo divino. Reza la oración a los ángeles querubines para focalizar la mente, y prepárate con la técnica de relajación detallada en el capítulo 2.

Imagínate el templo que has creado para ti y siente que estás ahí sentado frente a su sencillo altar. Tu ángel de la guarda está contigo ofreciéndote su apoyo. Ante ti se halla un hermoso ángel que irradia una luz dorada que te envuelve y te hace sentir muy seguro y a gusto. Esta luz dorada penetra en todo tu ser —mente, cuerpo y alma— y proporciona energías renovadas a tu corazón y tu mente. Siente cómo esta luz dorada revitaliza todas las células de tu cuerpo, llevando energía positiva e inspiración para sanar la propensión a la negatividad, la disonancia y el letargo que hay en tu vida.

Si tu problema es el exceso de trabajo, ten presente que la luz dorada de los querubines trae sabiduría a tu mente y tu alma para contribuir a sanar la disonancia y crear un estilo de vida más equilibrado. Sabes que tienes energía para afrontar todos los altibajos de la vida.

Si tu problema son el letargo y la fatiga, siente la luz dorada del ángel querubín estimulando todas las células de tu ser, transformando tu actitud negativa en otra de renovada energía positiva.

Esta intensa luz dorada devuelve la motivación y el entusiasmo a tu alma, y te ofrece ideas para hacer que tu vida sea más feliz e interesante. El letargo y la actitud negativa que conlleva se disipan con esta luz dorada, y eres consciente de que este es el inicio de un estilo de vida más alegre.

Báñate en esta luz dorada mientras estés a gusto y luego devuelve la conciencia a tu respiración. Repara en el entorno real y cierra los chakras como se detalla en el capítulo 2. Bebe un poco de agua para anclarte aún más, ¡y no te olvides de apagar la vela!

Dale las gracias al ángel querubín por esa positiva contribución que tanta sanación traerá a tu vida. Anota cualquier revelación que te haya venido a la cabeza durante la meditación y en los próximos días estate también atento a cualquier idea que se te ocurra para llevar una vida más positiva y alegre.

Capítulo 10

TRONOS:
SANAR LOS CONFLICTOS
INTERPERSONALES Y LA SOLEDAD

Las relaciones definen nuestras vidas y pueden determinar que estemos alegres o tristes, enfadados o contentos. Cuando nuestras relaciones van bien, la vida puede parecernos muy bonita, pero cuando no reina la armonía con alguien cercano a nosotros, eso puede incidir gravemente en nuestro bienestar. La angustia causada puede comprometer todas las facetas de nuestra vida.

Los tronos entienden cómo puede surgir la disonancia en una relación. Normalmente se debe a que una de las partes de algún modo se siente amenazada. Cuando cuestionan nuestros puntos de vista u opiniones, podemos sentirnos amenazados, y cuando creemos que nos desacreditan o critican, pueden aflorar sentimientos de inferioridad, lo que puede llegar a aterrorizar al ego.

Los tronos entienden estos dilemas y no juzgan en absoluto. Es importante que comprendas que ningún ángel será crítico contigo, nunca. Su único deseo es llevar amor y sanación a las situaciones delicadas. Los tronos entienden de maravilla los conflictos interpersonales y llevarán amor y sanación a tu vida. No tienes más que pedirlo, y la meditación es una de las maneras más seguras de conseguir esta ayuda. Los tronos te mostrarán el mejor camino para empezar a sanar la relación y devolver la armonía y la felicidad a tu vida.

Todas las relaciones son espejos en los que nos miramos. Cómo nos veamos a nosotros mismos influirá en la clase de relaciones que atraigamos. A menudo esperamos que los demás nos hagan sentir realizados y nos den su aprobación, que nos aporten aquello que nos falta, cuando somos los únicos que podemos dar plenitud y sentido a nuestras vidas. Los tronos lo entienden y pueden ayudarnos a localizar los problemas internos que podrían estar produciendo un efecto negativo que enturbia nuestras relaciones.

Cuando chocamos con alguien de nada sirve intentar cambiar a esa persona o hacerle ver nuestro punto de vista. A la única persona que podemos cambiar es a nosotros mismos, y con ayuda de los ángeles podemos devolver la armonía a una amistad o a una relación.

No siempre es fácil perdonar cuando nos hacen daño, pero los tronos pueden abrir un canal para dejar que se produzca la sanación. Cuando estamos dolidos, el perdón denota debilidad, y el deseo de ser fuerte pese a las circunstancias invita de algún modo a tomar represalias. Pero la verdadera fortaleza surge del perdón y la sanación, y, aunque parezca imposible, los tronos pueden echar una mano aplicando su propio bálsamo sanador a nuestros corazones y mostrándonos el camino para empezar a sanar la situación.

Nuestra incapacidad de perdonar nos deja en poder de la otra persona, pues nos quedamos aferrados a la situación y no nos desprendemos del dolor que conlleva. ¿Por qué vamos a dejar que otra persona domine nuestra vida? Tenemos que recuperar nuestro poder y sanar la situación. El perdón no es una debilidad. Los tronos entienden lo difícil que puede ser perdonar, especialmente si nos han hecho mucho daño, pero su poder sanador traerá una nueva determinación a nuestras almas y sanación a nuestros corazones.

Conviene recordar que no podemos cambiar a nadie para que acepte nuestro punto de vista; únicamente podemos cambiar nuestra forma de reaccionar ante la situación. Por eso es tan útil la meditación en los tronos, porque estos pueden llevar el amor y la sabiduría divina a nuestros corazones y nuestras mentes, permitiéndonos de este modo ver la situación con más claridad y tomar conciencia del paso que hay que dar.

Es posible que haya llegado el momento de dejar una relación, en cuyo caso los tronos te brindarán todo su amor y su apoyo. Ellos entienden el dolor que eso puede causar y llevarán la sanación a tu corazón. Si la persona con la que chocas es un familiar, amigo o pareja con la que no quieres romper, los tronos llevarán su sabiduría y su sanación a la situación.

Ellos pueden alumbrarte con la luz del amor, iluminando las posibilidades de sanación y reconciliación. Te darán ideas que pueden ayudarte a llegar a un acuerdo o a desprenderte totalmente del problema. Sabrás que la idea procede de los ángeles, porque notarás una sensación agradable en el plexo solar y en el fondo de tu corazón sabrás que es una forma positiva de seguir avanzando. Te sentirás cómodo con la propuesta de los ángeles, pero tú eres libre de descartar cualquier idea que te den, ya que no pueden obligarte a hacer nada.

Si tu problema es la soledad, la meditación en los tronos es una manera maravillosa de atraer a tu vida el tipo adecuado de personas. Ellos te inspirarán y te darán ideas para conocer a gente afín a ti. Es más, colaborar con los diversos ángeles de este libro le dará sentido a tu vida y a su vez atraerá amistades nuevas, porque irradiarás una energía positiva que atraerá cosas positivas a tu vida y llevará una maravillosa sanación a las facetas de esta que quieras mejorar.

Para trabajar tus relaciones y atraer a ellas la armonía y la dicha, lo único que se necesita es la sencilla meditación que sigue.

ORACIÓN A LOS TRONOS

Queridos tronos: abrid nuestros corazones a los placeres de la amistad y el compañerismo, y bendecid las amistades y las relaciones que tenemos. Os pedimos que llevéis vuestra hermosa sanación donde haya disonancia o soledad, y que llevéis también vuestra sanación y vuestro amor donde haya hermetismo.

MEDITACIÓN EN LOS TRONOS PARA SANAR LOS CONFLICTOS INTERPERSONALES Y LA SOLEDAD

Siéntate frente a tu altar en una silla o en el suelo, y reza la oración a los tronos en voz alta o para tus adentros. Enciende tu vela para tener presente la luz de Dios que brilla en todos los corazones. Ponte cómodo y cierra los ojos. Concéntrate en tu respiración y deja que su ritmo constante y natural te ayude a apaciguar la mente y a prepararte para la meditación. Realiza el ejercicio de relajación detallado en el capítulo 2 y a continuación imagínate que estás en tu templo interior, ese espacio sagrado interno donde estás protegido y a salvo. Tu ángel de la guarda está junto a ti dándote su apoyo.

Concéntrate en tu templo unos instantes para apaciguar y tranquilizar de verdad la mente, y luego imagínate a un hermoso ángel de pie frente a ti. Emana una luz de un color rosa precioso, el color del amor y la amistad. Siente cómo un rayo de esta luz se concentra en el centro de tu corazón, llenándote de una cálida oleada de amor hacia ti mismo y toda la humanidad. Absorbe esta luz de color rosa con cada célula de tu ser e irrádiala hacia el mundo en forma de beneficiosa energía positiva. Ten presente que enviando amor y luz al mundo no solo estás mandando un poder sanador, sino que también estás atrayendo a tu vida relaciones positivas. El ángel te da todo su amor. Siente cómo te inunda y dale al ángel las gracias por su amor y su apoyo. Retén esta sensación de estar absorbiendo e irradiando amor mientras estés a gusto, y toma conciencia de que todo está bien en tu vida.

Si tienes un problema concreto con alguien que te gustaría resolver, realiza el ejercicio que se describe a continuación; si no es así, devuelve la conciencia a la respiración y a tu entorno real. Dale otra vez las gracias al ángel por su amor y luego cierra los chakras como se detalla en el capítulo 2.

A fin de obtener ayuda para resolver un problema con alguien atrayendo el perdón a tu corazón, imagínate que el trono crea un gran número ocho de luz de color rosa. Estás sentado en un lado y la persona con la que quieres arreglar las cosas está sentada en la otra mitad. El ángel se coloca en la intersección con un brazo estirado hacia cada lado, bañándoos a ambos en luz. Tal vez te sea útil decir algo como: «Me encantaría que me ayudaras a solucionar los problemas con...» Esto focalizará la mente y también hará las veces de autoafirmación para confirmar que de verdad quieres sanar vuestra relación.

Siente el calor y el amor de la luz angelical, y ten presente que su magia sanadora está actuando para resolver los conflictos entre ambos. Tal vez se te ocurran ideas sobre cómo podrías sanar la situación, así que prepárate para anotarlas después de la meditación. No te preocupes si no se te ocurre nada. La magia sanadora seguirá actuando en ambos durante algún tiempo, por lo que prepárate para recibir sorpresas en los próximos días. Retén la sensación de los dos arropados por la luz y el amor del ángel mientras te resulte agradable, luego observa cómo la otra persona se desvanece junto con el número ocho. El ángel sigue inundándote de luz, que sientes en cada célula de tu ser.

Poco a poco ve devolviendo la conciencia a tu respiración y tu entorno real. Agradece al trono que te haya ayudado con el problema y dale tu amor. Cierra los chakras como se detalla en el capítulo 2.

Durante los próximos días repara en cualquier sentimiento o idea que tengas sobre la situación y prepárate para obrar en consecuencia. Tu ángel de la guarda te infundirá el valor necesario para actuar ante cualquier idea que se te ocurra. ¡Te sorprenderá la rapidez y la suavidad con que funciona la sanación angelical!

Capítulo 11

DOMINACIONES:
ACCEDER A LA SABIDURÍA INTERIOR

La sabiduría interior es algo que todos buscamos en algún momento dado de nuestras vidas, sobre todo cuando hemos cometido errores. A menudo nos encontramos en una posición en la que una pizca de sabiduría nos ayudaría a solucionar cierto problema, pero el ego puede conducirnos por un camino negativo que no lleva a ninguna parte. Tal vez hayas llegado a un punto vital en que te has dado cuenta de que eres más que el ego del día a día y quieras encontrar la chispa divina interior que te dará la sabiduría para entender tu verdadero potencial en esta vida.

Las dominaciones son los ángeles de la intuición y la sabiduría, y debes contactar con ellos si quieres trabajar tu sabiduría interior. Asimismo tienen a su cargo todas las organizaciones religiosas de la Tierra, y llevan su sabiduría divina a los líderes de religiosos y también a los dirigentes políticos. Si te hallas en una situación en la que necesitas cierta sabiduría divina que te ayude a arreglar las cosas, durante la meditación invoca a las dominaciones para que te proporcionen la guía que necesitas. Además, si hay una situación mundial que requiera sabiduría divina, medita en los ángeles de las dominaciones y ayúdales a encauzar la situación.

Los ángeles de las dominaciones nos recuerdan que somos seres espirituales y que la única meta de la vida en la Tierra es crecer espiritualmente y encontrar nuestro verdadero yo. Nuestro verdadero yo muestra un amor altruista hacia toda la humanidad, que podemos enviar al mundo en beneficio de todos. Encontrar nuestro auténtico yo espiritual puede proporcionarnos la mayor de las dichas y la mayor paz, porque sabemos que todo está bien en nuestra vida, y los problemas se disipan o son más fáciles de afrontar desde la perspectiva espiritual. Nuestro verdadero yo interior nos da una sabiduría divina con la que podemos obrar milagros en nuestras vidas.

Las capas de la vida material se vuelven más gruesas y nos impiden ver nuestra verdadera naturaleza interior, pero las meditaciones de este libro nos abrirán a ese auténtico yo. Recuerda el canto de los serafines, «la Tierra está llena de Su gloria», y recuerda que somos seres verdaderamente gloriosos capaces de grandes cosas y colaboradores de los ángeles en su denodado trabajo por la humanidad y todos los seres vivos de la Tierra.

Nuestro verdadero yo espiritual no es algo que nos «ponemos» solo un día a la semana o cuando meditamos; no se distingue de nuestro yo cotidiano. Ser conscientes de nuestro verdadero yo interior es vivir el día a día lo mejor que podamos y valorar la abundancia y la magnificencia de nuestro mundo. Es relacionarse con los demás con la mayor amabilidad y consideración, sean amigos, compañeros de trabajo o desconocidos, por muy irritantes que puedan ser, y ser lo más amables y comprensivos que podamos. Encontrar nuestro verdadero yo espiritual no nos convertirá en santos, pero puede proporcionarnos comprensión y paciencia para ver con objetividad lo que nos molesta y nos irrita, y aportarnos un estado de paz. Nuestro yo espiritual se resume en esto: actúa y reacciona siempre desde la dicha y la paz interior, por irritante u ofensivo que sea alguien o por tediosa que sea la tarea que te ocupa.

Cuando surge un problema o un muro se interpone en nuestros planes, nuestro yo espiritual puede conducirnos a esa sabiduría interior que llevamos dentro y alumbrar los problemas con la luz del espíritu y ayudar a arreglarlos. Los ángeles de las dominaciones pueden ayudarnos a encontrar la «serena vocecilla interior» que nos habla al oído de la alegría y la magnificencia de nuestro verdadero yo. Es una voz que nos habla de lo falsos que son los temores e inquietudes que tanto nos atormentan. Los ángeles de las dominaciones nos recuerdan que somos seres verdaderamente gloriosos.

Pueden darnos valor para actuar cuando sea preciso, así como sabiduría y perspicacia para movernos por la vida con creatividad y tacto. Conectándonos con ese yo espiritual interior, los ángeles de las dominaciones pueden ayudarnos a llevar una vida armoniosa sin hacer un drama de las tribulaciones del día a día. Nos dicen que en nuestra vida todo está bien y que los miedos y las preocupaciones son infundados. Llevándonos a ese estado de paz interior, estos ángeles nos ayudan a entender que todo está como tiene que estar y marcha según lo previsto en nuestro plan divino. Las dominaciones nos traen un mensaje de alegría y nos advierten que la sabiduría de nuestro yo espiritual puede hacernos superar tranquilamente cualquier problema que tengamos.

Solo nuestro yo espiritual puede aportarnos la paz y la dicha que buscamos en esta vida a través de los bienes materiales. Puede que las adquisiciones de ciertas cosas nos proporcionen un nivel determinado de paz y alegría, pero siempre pasa algo que altera el equilibrio vital. La paz profunda que hallamos mediante la conexión con nuestro yo espiritual está siempre ahí, a nuestro alcance, y jamás nos defraudará. Nos proporcionará la sabiduría necesaria para afrontar los contratiempos de la vida, y nuestros corazones estarán siempre alegres cuando conectemos con esa chispa divina que llevamos dentro. Los ángeles de las dominaciones nos conectan con la verdad de nuestro auténtico yo que conoce la paz divina y eterna, y la alegría de nuestro espíritu. Nuestro espíritu divino atraerá a nuestros corazones lo eterno y positivo. Está completo en sí mismo, a diferencia de lo material, que no puede satisfacer nuestras verdaderas necesidades.

Los ángeles de las dominaciones nos ayudan a alcanzar esta profunda paz eterna que puede llevar nuestras vidas por aguas tranquilas y hacer de cada día una aventura feliz.

Las dominaciones pueden ofrecernos la ayuda que necesitamos para apaciguar las preocupaciones de la mente, que dan vueltas y más vueltas creando una confusión innecesaria en nuestros corazones. Al descubrirnos la magia de nuestro yo espiritual, los ángeles de las dominaciones nos ayudan a tomar el control de nuestros pensamientos y, por consiguiente, de nuestras vidas, y la paz interior nos muestra el camino para mantener pensamientos positivos y sanos. Cuando nos enfrentamos con una situación complicada, es muy difícil mantener pensamientos positivos al respecto. Nuestros pensamientos pueden volverse negativos e insanos debido a toda clase de sentimientos. Pero buscando activamente la sabiduría de la serena vocecilla interior, los pensamientos positivos pueden tomar el control con ayuda de los ángeles de las dominaciones, y es increíble cómo los problemas pueden disiparse o perder importancia cuando la luz del espíritu los ilumina. Uniéndonos con el yo divino interior, el karma difícil puede disiparse y podemos descubrir que nuestra vida es mucho más feliz y despreocupada.

La meditación en los ángeles de las dominaciones nos dará la capacidad de acceder a nuestro yo espiritual a voluntad, y la práctica regular de la meditación que hay en este capítulo aportará la paz y la alegría del yo interior a nuestros corazones durante períodos cada vez más prolongados.

Nuestro yo espiritual no es algo remoto, únicamente accesible a través de la meditación; es una parte tan natural de nosotros como los ojos y las orejas, pero está oculta bajo capas de ego. Meditar en los ángeles de las dominaciones hará que estas capas desaparezcan, desvelando la belleza y el poder auténticos de nuestro verdadero yo. Se trata de un poder auténtico y positivo que puede obrar milagros en nuestra vida, y las dominaciones pueden ayudarnos a acceder a él.

Este poder es mucho mayor que cualquier otro del ego, o de la misma Tierra, y es el objetivo divino de los ángeles de las dominaciones ayudar a la humanidad a descubrir y usar este poder positivo en beneficio propio y de toda la humanidad. Cuando accedemos a este poder divino a través de nuestro yo espiritual interior, no solo experimentamos un gran amor hacia nosotros mismos que nos hace entender nuestros supuestos defectos, sino que también nos sentimos en paz. Esta paz espiritual nos aporta una fortaleza y una sabiduría que pueden ayudarnos a vencer los problemas de la vida y hacernos comprender que somos suficientemente válidos.

La siguiente meditación traerá a los ángeles de las dominaciones a tu lado para que te ayuden a acceder al maravilloso amor, la sabiduría y la paz de tu espíritu interior.

ORACIÓN A LAS DOMINACIONES

Queridos ángeles de las dominaciones, traed vuestra agradable presencia a nuestras vidas y descubridnos la auténtica naturaleza amorosa de nuestro yo espiritual. Reveladnos esa profunda paz y sabiduría nuestras con las que trabajar en beneficio de nuestra vida y en beneficio de la humanidad, y ayudadnos a confiar en la luz interior de poder divino.

MEDITACIÓN EN LAS DOMINACIONES PARA ENCONTRAR LA SABIDURÍA DIVINA INTERIOR

Siéntate cómodamente en una silla o en el suelo frente a tu altar, y respira hondo unos instantes para despejar la mente. Enciende tu vela para tener presente la lucecilla que brilla en tu interior como parte de lo divino. Reza la oración a los ángeles de las dominaciones para focalizar la mente y relaja el cuerpo, sobre todo los hombros, como se detalla en el capítulo 2. Imagínate que estás en tu propio templo especial. Te sientes muy protegido y feliz en tu templo, con tu ángel de la guarda al lado ayudándote y apoyándote.

Ante ti hay un hermoso ángel rodeado de una tenue luz blanca matizada con rosa y amarillo; los colores del amor y la sabiduría. Siente cómo esta luz inunda todas las células de tu ser y abre el centro de tu corazón al amor divino. Percibes un amor inmenso que te inunda e ilumina todo tu ser. Siente que la bella luz del ángel de las dominaciones llena tu aura. Una gran paz inunda tu corazón y tu mente, y te sientes relajado, feliz y en paz con el mundo como hacía tiempo que no te sentías. Báñate en esta luz y disfruta de la paz y el amor que inundan tu corazón. Relájate en la luz mientras estés a gusto. Toma conciencia de que todo está bien en tu vida y de que los problemas pueden transformarse en esfuerzos positivos cuando se contemplan desde la paz del espíritu.

Si tienes un problema concreto y crees que necesitas un poco de sabiduría divina que te ayude a sobrellevarlo, focalízate en él sin implicarte emocionalmente y siente cómo en ese momento la luz de los ángeles de las dominaciones inunda todo tu ser. Recibirás respuestas e inspiración, si no en el acto, al cabo de uno o dos días.

Cuando creas que estás preparado, visualiza la luz del centro de tu corazón mezclándose con la luz del ángel, y observa cómo inunda todo tu templo y la zona que lo rodea. A continuación imagínate que esta luz se propaga por el mundo llevando sabiduría y amor donde más se necesitan. Esta luz angelical sanará los corazones y las mentes de toda la humanidad y llevará paz y amor donde, por la razón que sea, haya angustia y disonancia. Disfruta trabajando así con los ángeles para llevar paz y amor a la humanidad. Envía al mundo toda la luz que puedas y luego devuelve gradualmente la atención a tu entorno real. Haz varias inspiraciones profundas para volver del todo y cierra los chakras como se detalla en el capítulo 2. Si es necesario, bebe un poco de agua para acabar de anclarte. ¡Recuerda apagar tu vela si la has encendido!

Da las gracias al ángel de las dominaciones por el amor y la sabiduría que han impregnado tu corazón, y también por irradiarlos a toda la humanidad.

Conectar con la chispa divina interior te proporcionará enormes satisfacciones espirituales, ya que te recorrerá una paz inmensa que traerá a tu vida armonía donde haya disonancia y paz donde haya confusión. Cuanto más practiques esta meditación, mayor sintonía experimentarás con tu yo espiritual y más sentirás que una gran fuerza y un gran amor te guían y protegen. Cuando empecé a hacer esta meditación, experimenté una sensación de felicidad muy cálida en el centro del corazón y descubrí que tenía más sabiduría para afrontar las situaciones vitales delicadas. Enviar la luz del ángel al mundo también aporta una maravillosa sensación de plenitud, puesto que es la labor que nuestros espíritus anhelan.

Capítulo 12

VIRTUDES:
AYUDAR EN LOS PROBLEMAS MEDIOAMBIENTALES

Las virtudes son los ángeles encargados principalmente de cuidar la Tierra en todos los sentidos, desde lo más profundo de los océanos hasta la flor silvestre más diminuta. Su dedicación al planeta es ilimitada y lo abarca todo. El reciente aumento de la concienciación sobre los problemas medioambientales puede que se deba a que estamos más en contacto con los ángeles y a que han podido transmitirle al ser humano su preocupación por el planeta. Conforme la conciencia angelical iba creciendo a lo largo del último siglo, nuestras mentes se abrieron a las necesidades de la Tierra y todo lo que crece y vive sobre ella. En la actualidad, la mayoría de nosotros afirmaría que es consciente de los problemas medioambientales y que aporta su grano de arena para sanar y salvaguardar el planeta, aunque sea solo reciclando.

Los ángeles de las virtudes llevan la luz de la sabiduría a aquellos que gobiernan el mundo para aumentar su conciencia medioambiental. La Tierra entera está prácticamente a su cuidado y trabajan infatigables para sanar el planeta. En este sentido, podemos colaborar con los ángeles para dar un ímpetu adicional a su labor.

Si tienes una vida ajetreada que te deja poco tiempo libre, es fácil que pienses que para los demás es más sencillo regalar su tiempo, sobre todo para aquellos que realizan labores tan necesarias de conservación del medio ambiente. Pero si no puedes dedicar tiempo de esta forma, bastarán cinco o diez minutos para contactar con los ángeles de las virtudes y enviar su sanación al mundo. Eso dará mucha más fuerza a su trabajo sin que se desperdicie ni una pizca.

Los ángeles no nos culpan de las cosas que van mal en el mundo, y ni mucho menos nos juzgan. Aceptan y celebran que los seres humanos estén actuando positivamente para enmendar gran parte del daño que el progreso humano en todas sus formas ha hecho a la Tierra.

Y si los ángeles trabajan incesantemente para sanar el planeta, ¿cómo y por qué se producen accidentes como los vertidos de petróleo, que causan la devastación del entorno local y el sufrimiento de la fauna y la flora? Hay que tener presente que los humanos tienen libre albedrío; es decir, libertad de elección para utilizar petróleo en su día a día, libertad de elección para perforar el suelo en busca de petróleo y transportarlo, etc. Hay accidentes, pero el amor de los ángeles ni mucho menos disminuye ante un hecho semejante. Es más: trabajan incansablemente ayudando a los humanos a reparar el desastre. Parte de su trabajo consiste en estimular los corazones y las mentes de los seres humanos para restaurar la armonía y el equilibrio de la Tierra.

Las virtudes trabajan muy estrechamente con el noveno coro de ángeles, los que cuidan de toda la fauna y la flora. Dirigen su amor a todos los seres vivos y plantas que pueblan la Tierra. Muchos espíritus de la naturaleza, o hadas, ayudan a los ángeles en esta labor.

He aquí un hermoso ejemplo de cómo los ángeles cuidan de todas las plantas y los árboles del planeta. Me lo contó mi amiga Doreen, que cree firmemente en los ángeles y además colabora con ellos de manera regular.

El jardín trasero de Doreen lindaba con un terreno en el que iban a edificar. Para poder construir de nuevo tenían que talar un avellano que invadía su jardín. Le gustaba mucho ese árbol y le daba mucha pena que tuvieran que talarlo. El día antes de que empezaran las obras, Doreen habló con el ángel del avellano para advertirle de la inminente construcción y envolvió el árbol en una sanadora luz angelical.

La noche después de que lo talaran, Doreen tuvo la más hermosa visión. Vio al ángel del árbol en el sitio donde este había estado, con un largo bastón en la mano. Golpeó con él un par de veces el suelo y las hadas salieron de entre la maleza y se pusieron a dar vueltas alrededor del bastón. Era como si el ángel del avellano estuviese usando el bastón para hacer salir a las hadas y los espíritus que habían pertenecido al árbol talado. Revolotearon y giraron alrededor del bastón como lucecitas, y luego el ángel se perdió a lo lejos con su grupito de sintechos, quizás en busca de un nuevo hogar y otro árbol al que cuidar.

Antes de irse, el ángel del avellano advirtió la presencia de Doreen y la saludó con un leve movimiento de cabeza. Tal vez estuviese dándole las gracias por preocuparse del árbol y amarlo.

Esto demuestra que los ángeles cuidan a todas horas de cada planta y cada ser vivo, incluidos los humanos. El amor y el apoyo de los ángeles están ahí esperando a que accedamos a ellos, un amor y un apoyo que influirán enormemente en los problemas y las tribulaciones cotidianas de nuestras vidas. Colaborar con las virtudes en la sanación del mundo nos aportará sobre todo una sensación de alegría y admiración, y entenderemos mejor cómo trabajan los ángeles. Puede que hasta tengas la suerte de tener una visión como la de Doreen.

Yo tuve una maravillosa visión de un ángel de las virtudes en la cima de una montaña de Dorset. Era una montaña bastante alta que ofrecía una vista magnífica de la campiña circundante. No había ni un alma y nada más llegar a la cima tomé clara conciencia de la presencia de un ángel. Creo que nunca he notado tanta sintonía con los ángeles como aquel día. El ángel que «vi» era inmenso, una hermosa criatura de luz blanca, y esta luz cubría toda la cima y gran parte de la campiña de alrededor. Sentí mucho amor en el corazón no solo hacia el ángel, sino hacia todos los habitantes de la Tierra. Mi sentimiento de amor hacia todos los seres vivos era inconmensurable. Quise que la visión durase eternamente, porque me sentía ligera como una pluma y notaba que también yo me elevaba sobre la colina envuelta en la preciosa luz blanca del ángel.

La visión fue desvaneciéndose poco a poco, pero me quedó una maravillosa sensación en el centro del corazón que a día de hoy aún recuerdo. Además, mi conciencia de la belleza de la naturaleza se volvió mucho más aguda que antes, y cada flor silvestre y cada planta me maravillaban como si estuviese viéndolas por primera vez. El cielo, la hierba, los árboles y las flores, todo resonaba con una belleza intensa y me hacía sentir un amor maravilloso hacia toda la creación. Quise que la sensación fuese eterna, pero se desvaneció gradualmente y sentí una paz interior que llevaba mucho tiempo sin sentir. Cuando estoy un poco deprimida o chafada, evoco esta maravillosa sensación y la rescato del centro de mi corazón para que inunde todo mi ser. Percibo la belleza que me rodea esté donde esté, ya sea en mi jardín o andando por una calle abarrotada.

Los ángeles de las virtudes no solo trabajan en el campo; actúan en todos los planos, y si tienes jardín propio le brindarán su amor y su apoyo. Para atraer el poder de los ángeles a tu jardín, envuelve cada planta en luz angelical, recordando a las pequeñas hadas y los espíritus que las cuidan, y toma conciencia de que los ángeles cuidan de ellas. Envíales tu amor, dales las gracias por el trabajo que hacen y siente cómo su amor fluye de nuevo hacia ti. Esto convertirá tu jardín en un maravilloso lugar de paz y tranquilidad, rebosante de energía angelical, donde podrás recargar pilas los días de mucho ajetreo. Trabajar con estos ángeles de la naturaleza conlleva su propio tipo de satisfacción, sobre todo si trabajas en el campo, porque eso hará que tu trabajo fluya con naturalidad y te aportará una gran sensación de éxito.

Aunque no tengas jardín propio, puedes sintonizar con las virtudes y sus hadas colaboradoras. Si tienes un parque cerca, ensaya enviando tu luz a todos los árboles, arbustos y plantas, y sentirás una gran elevación espiritual. Puedes ayudar a mantener la zona como un remanso de paz y tranquilidad para todos los que hagan uso de ella, y esto le dará a tu alma una maravillosa sensación de dicha, porque estarás trabajando desde la chispa divina interior. El parque florecerá, convirtiéndose en un lugar vigorizante para todos los que vayan allí. La naturaleza produce un efecto muy vigorizante sobre nuestras ajetreadas vidas, y sintonizar así con ella llevará paz y sanación a tu alma.

Tampoco te olvides de la vida salvaje de tu jardín y del parque, y envuélvela en la hermosa luz de los ángeles. Disfruta del canto de los pájaros y ten presente que los ángeles trabajan para crear un remanso para esos animales, lo que incrementará el placer a la hora de usar esas zonas.

Los ángeles de las virtudes envían energía a todas las organizaciones que luchan por el bien del planeta, desde organizaciones mundiales hasta grupos locales para la conservación de la naturaleza. De modo que si no puedes dedicar tiempo, pero quieres ayudarles en su labor, dedica diez minutos al día a hacer la siguiente meditación. Enviando con los ángeles a estas organizaciones el apoyo y la energía que tanto necesitan, estarás haciendo mucho más de lo que puedas llegar a imaginar. Otra opción, si no dispones de tiempo, es que practiques la meditación una vez a la semana, y el efecto seguirá siendo el mismo.

ORACIÓN A LAS VIRTUDES

Queridísimas virtudes: abrid nuestros corazones y nuestras mentes a las necesidades de la Tierra. Os damos las gracias por la labor que hacéis para devolver a nuestro mundo la armonía y la sanación. Rezamos para que el trabajo en equipo lleve sanación donde más se necesite y beneficie a aquellos que trabajan para sanar el planeta.

MEDITACIÓN EN LAS VIRTUDES PARA PEDIR AYUDA EN LOS PROBLEMAS MEDIOAMBIENTALES

Siéntate cómodamente frente a tu altar angelical y prepárate para la meditación, concentrándote en el ritmo natural de tu respiración. Enciende tu vela para tener presente la chispa divina que brilla en tu interior. Si te sientas en una silla, comprueba que tienes la espalda recta y los pies firmemente apoyados en el suelo. Tal vez te resulte más cómodo cruzarlos. Cierra los ojos y realiza el ejercicio de relajación detallado en el capítulo 2.

Cuando hago este ejercicio siempre me imagino que estoy en la cima de la montaña en la que tuve la visión del ángel de las virtudes, así que quizá te parezca apropiado visualizar también que estás en una cima rodeado de flores silvestres y árboles, con un precioso cielo azul sobre tu cabeza. Imagínate la campiña que rodea la montaña y escucha el canto de los pájaros, y a los grillos y demás insectos que zumban a tu alrededor. O puede que tengas un sitio especial donde te sientas muy cerca de la naturaleza y en paz con toda la creación, así que visualízate allí con el máximo detalle posible.

Reza la oración a los ángeles de las virtudes para focalizar la mente en el trabajo que te dispones a llevar a cabo. Siente la presencia de tu ángel de la guarda, que te da todo el amor y el apoyo que necesitas en tu lucha por el planeta.

Imagínate ante ti a un gran ángel de centelleante luz blanca que alberga en su corazón el bienestar de la Tierra. Sintoniza con ese corazón y siente que te invade un inmenso amor hacia toda la creación. Concéntrate únicamente en ese amor y en la luz del ángel, y contémplala mientras despide unos hermosos rayos que abarcan la totalidad del mundo. El mundo entero está envuelto en la luz sanadora del ángel de las virtudes.

Si hay una organización a la que desees apoyar, pronuncia su nombre para tus adentros y ten presente que el ángel está envolviendo a todos los trabajadores de esa organización en luz y energía. Tal vez se haya producido un desastre medioambiental, como un vertido de petróleo o un incendio forestal, al que te gustaría enviar luz sanadora. Pronuncia el nombre del lugar concreto para tus adentros o visualiza la escena y toma conciencia de que el ángel está enviando luz y amor a todos los implicados en ella. Asimismo, la luz del ángel llevará sanación y resurgimiento donde ha

habido destrucción. Puedes seguir haciendo esta meditación todos los días hasta que sientas que la situación se ha resuelto y tu
labor ha finalizado. En su defecto, practicar la meditación el mismo día de la semana a la misma hora bastará para atraer la sanación del ángel al planeta.

Cuando te sientas preparado, dirige de nuevo la atención a tu
entorno real y cierra los chakras como se detalla en el capítulo 2.
Bebe un poco de agua para acabar de anclarte y toma conciencia
de que tu luz y tu energía seguirán actuando con los ángeles mucho después de que hayas finalizado la meditación. ¡No te olvides
de apagar la vela!

Capítulo 13

VIRTUDES:
APORTAR PAZ Y ARMONÍA AL MUNDO

La discordia entre naciones plantea unos riesgos enormes a la humanidad que pueden poner en peligro a millones de personas. Los ángeles de las virtudes no juzgan a nadie, sino que envían su amor sanador para influir en los líderes mundiales cuando hay discordia, guerra y conflictos a escala nacional o internacional. Puedes formar parte de esta labor sanadora atrayendo la energía de los ángeles al plano terrenal y confiriéndole una potencia extra.

Los líderes mundiales ostentan cargos de gran poder y pueden atraer hacia sí las fuerzas negativas que hay por el mundo. En este sentido son muy vulnerables. Pero los ángeles de las virtudes pueden aportar energía positiva y paz donde hay discordia, y los abnegados colaboradores del plano terrenal vuelven esta energía aún más poderosa. Es una labor muy útil, y si te apetece contribuir con tu energía al trabajo de los ángeles, no te ocupará más de cinco o diez minutos al día de meditación. Lo ideal es hacerlo semanalmente, el mismo día de la semana y a la misma hora del día para que la mente se habitúe a hacer el trabajo a esa hora.

Puede que la tarea parezca ingente y quizá pienses que no sirve para nada, porque ¿cómo va una persona a producir cambios reales en el mundo? Pero el trabajo con los ángeles nunca cae en saco roto y la energía angelical es muy real. Lo cierto es que hay ángeles que luchan por la paz mundial y no podemos ni imaginarnos la cantidad de veces que la intervención de los ángeles ha evitado una situación grave.

En realidad, todos los individuos del mundo importan y tienen el poder de incidir en él; más aún con ayuda de los ángeles. Todo ser humano tiene en su interior el poder divino y no habría que subestimarlo. Puede que te parezca imposible influir poderosamente en el mundo, pero no tienes la certeza de que así sea. Trabajar con los ángeles cambia las cosas, y en alguna parte alguien será tocado por las alas de un ángel y sentirá en su corazón la paz y la sabiduría de los ángeles. Si este poder se dirige hacia aquellos que tienen cargos de poder en el mundo, los ángeles pueden multiplicar su magia por diez. No te desanimes pensando que tu trabajo es inútil. Toda colaboración con los ángeles tiene repercusiones en alguna parte, y aumenta la energía positiva y el amor divino que abunda en el mundo.

Este trabajo te pondrá en contacto con tu naturaleza divina, la pequeña chispa interior, y llevará una paz profunda a tu alma. Enviando la armoniosa energía de los ángeles, atraerás la armonía a tu propia vida y notarás los beneficios de este trabajo en más aspectos de los que creías imaginables. Con la intervención de los ángeles pueden ocurrir milagros, y si luchas con ellos por la paz y la armonía, una paz profunda envolverá tu alma y tu vida. Nunca temas que tus esfuerzos sean en vano, porque todo trabajo angelical cambia algo en alguna parte del mundo.

Dondequiera que haya conflicto en el mundo, el poder angelical puede influir en él. El amor altruista que envías cuando colaboras con los ángeles puede aportar a las situaciones delicadas una sabiduría y una comprensión muy necesarias, y tendrá resultados concluyentes, porque no hay labor angelical que caiga en saco roto.

ORACIÓN A LAS VIRTUDES

Queridísimos ángeles de las virtudes: llevad vuestra sabiduría y vuestra paz donde haya discordia en el mundo. Rezamos para que nuestros propios esfuerzos ejerzan una influencia positiva. Donde haya tinieblas, llevad vuestra luz, y donde haya desacuerdo, llevad vuestra sabiduría.

MEDITACIÓN EN LAS VIRTUDES POR LA ARMONÍA MUNDIAL

Siéntate cómodamente en una silla o en el suelo frente al altar angelical. Contémplalo unos instantes y enciende tu vela para tener presente la luz que vive en tu interior y es la chispa de Dios. Reza la oración a los ángeles de las virtudes para focalizar la mente en la tarea que te dispones a realizar. A continuación haz el ejercicio de relajación detallado en el capítulo 2.

Cuando te sientas preparado y concentrado, imagínate que estás en tu templo interior con tu ángel de la guarda, que te da la bienvenida con los brazos abiertos en señal de amor y dicha. Está a tu lado apoyándote en la tarea que te dispones a emprender.

Contempla ante ti a un hermoso ángel irradiando una brillante luz verde esmeralda, el color de la armonía, y siente que esta luz llena cada parte de tu ser. Inunda tu templo entero. Observa cómo esta luz se dispersa por el mundo llevando armonía y comprensión donde hace falta. Si lo deseas, piensa en una situación determinada del mundo que en este momento necesite la armonía y el amor de los ángeles; de lo contrario, limítate a ver que la luz inunda la Tierra y ten presente que los ángeles dirigirán la energía donde más se necesite. Retén esta imagen en la mente mientras estés a gusto, acto seguido devuelve la atención a tu templo interior y luego a tu entorno real. Dale las gracias al ángel por estar ahí y enviar esta luz sanadora al mundo que lleva paz y armonía. Date también las gracias a ti mismo por ser capaz de realizar esta labor vital con los ángeles.

Cierra los chakras como se detalla en el capítulo 2, prestando especial atención a este ritual para anclarte realmente, y bebe un poco de agua, que te ayudará a anclarte aún más. Debes saber que tu trabajo no será en vano y que los ángeles continuarán trabajando para llevar armonía y paz al mundo.

Cuanto más practiques esta meditación, más armonía atraerás a tu propia vida. No es necesario que la practiques cada día, pero puedes hacerla una vez por semana si lo deseas. El poder de la magia angelical no disminuirá; de hecho, cuanto más centrado y entrenado estés, más eficaz será en el mundo el poder de los ángeles.

Capítulo 14

POTESTADES:
COMBATIR EL MAL EN EL MUNDO

Creas o no en el mal, la labor de los ángeles de las potestades consiste en hacer que afloren el amor y la bondad que descansan en lo más hondo del corazón humano, y en erradicar la negatividad, o el mal, en todas sus formas. Hay muchas clases de maldad en el mundo en las que los poderosos explotan a la gente vulnerable. Los niños en concreto son especialmente vulnerables. Si te preocupa seriamente un tipo determinado de maldad que quieras ayudar a combatir, focalizarte en él y pedir ayuda a los ángeles de las potestades producirá grandes cambios. Las potestades son muy poderosas y es un placer colaborar con ellas, porque son los ángeles que combaten el mal en nuestro mundo. Realizar semejante trabajo con ellos te aportará una paz infinita en lo más profundo de tu alma y para las potestades será fuente de gran alegría.

El mal puede surgir fruto del deseo de poder y de la codicia, que suelen derivarse de algún temor. El ego tiene miedo y el poder puede reconfortar a un ego asustado. La sed de poder es una de las causas más comunes de maldad en el mundo.

Nunca subestimes la labor de los ángeles, porque la luz de un ángel tocará a alguien, en alguna parte, y se erradicará un poco de maldad. Confía siempre en el poder de los ángeles y en tu propia contribución ayudando a irradiar luz angelical y sanando en el plano terrenal. Envía esa luz, recuerda que los ángeles actúan en beneficio del mundo y ten fe en ese trabajo. Toma conciencia de que puedes inducir cambios pensando en positivo y a través de tu labor sanadora, y da las gracias por el trabajo que realizan los ángeles en el mundo.

Las potestades no juzgan a nadie, por negativa o mala que una persona pueda parecer. Trabajan para llevar comprensión y amor al mundo. Su misión consiste en aumentar la conciencia de la chispa divina que hay en cada alma, una chispa que puede aportar una bondad y un amor auténticos a la conciencia de toda la humanidad. Este es el incansable trabajo de los ángeles de las potestades, y ayudarles a atraerlo al plano terrenal es una labor realmente valiosa que aportará a tu alma una paz infinita.

Quizá parezca inútil enviar sanación angelical al mundo con la cantidad de energía mala y negativa que por lo visto hay, pero ten siempre fe en la labor de los ángeles. Tal vez lleve su tiempo, pero el trabajo angelical incidirá en alguna parte del mundo. Haz la meditación de este capítulo para ayudar a los ángeles de las potestades a combatir el mal y descubrirás que es de lo más gratificante, ya que es una de las mayores aportaciones que puedes hacer. Recuerda que eres un ser de enorme poder y que tu trabajo con los ángeles tiene en el mundo tremendas repercusiones.

Tal vez haya una causa concreta que te llegue al corazón. Enviando amor angelical al mundo, puedes ayudar más de lo que nunca dirías.

Mediante esta labor estarás uniéndote con la chispa divina que hay en ti, que brillara más cada vez que practiques esta meditación. De hecho, colaborar con los ángeles a través de las diversas meditaciones de este libro contribuirá a que la chispa divina interior crezca cada día más hasta que la paz y el amor de Dios inunden todo tu ser, y veas que tu vida toma un cariz más alegre y útil. Enviar sanación angelical al mundo traerá a tu vida una sanación sutil, y cualquier negatividad o desengaño desaparecerá poco a poco, transformándose en maravillosas oportunidades positivas que conllevarán una felicidad y una satisfacción que jamás pensaste en poder adquirir.

Los medios de comunicación tienden a centrarse en todos los aspectos negativos del mundo, lo que puede ser bastante deprimente. Hace poco alguien me dijo: «Me encantaría que nos dieran buenas noticias, para variar». Pues bien, ¡buenas noticias!: los ángeles caminan junto a nosotros, nos envuelven en su amor a todas horas y están siempre ahí, a nuestro lado, cuando estamos hundidos. Combaten las circunstancias negativas y el supuesto mal en todas sus formas, y tu colaboración les facilitará mucho el trabajo.

Recuerda siempre que en el mundo hay mucha energía positiva que se manifiesta de muy diversas maneras y combate el mal y la injusticia que a tantos afligen. Hay muchas personas y organizaciones que trabajan incesantemente para reconfortar y ayudar tanto a los humanos como a los animales que de algún modo sufren. Admira la bondad que hay en el mundo y aporta tu propia chispita divina a las numerosas chispas divinas que lo iluminan. La buena voluntad de las gentes de todos los rincones puede vencer el mal y la injusticia. Los ángeles están con todo el mundo, incluso con los malhechores y los que cometen injusticias, y elevan a la humanidad por encima de la actitud negativa de la minoría. El amor de los ángeles está ahí para que todos lo experimentemos, y es omnipotente.

ORACIÓN A LAS POTESTADES

Queridísimos ángeles de las potestades: os damos las gracias por vuestra valiosa labor combatiendo el mal en el mundo y somos conscientes de que vuestro trabajo tiene intensas repercusiones. Dejadnos ayudaros en esta importantísima misión. Rezamos para que nuestros corazones se unan a los vuestros y envíen sanación al mundo.

MEDITACIÓN EN LOS ÁNGELES DE LAS POTESTADES PARA COMBATIR EL MAL EN EL MUNDO

Siéntate en una silla o en el suelo, lo que te resulte más cómodo, frente a tu altar angelical. Enciende tu vela y concéntrate unos instantes en la llama, teniendo presente que simboliza la chispa de Dios que hay en lo más hondo del alma de todos los seres vivos. Reza la oración a los ángeles de las potestades y a continuación relájate como se detalla en el capítulo 2. Imagínate que estás en tu propio templo especial, donde te espera tu ángel de la guarda, que se coloca detrás de ti con las manos sobre tus hombros para darte apoyo en la labor que te dispones a realizar.

Visualiza ante ti a un ángel poderoso vestido de violeta, el color de la bondad y el poder. Este ángel rebosa de amor y extiende los brazos en señal de bienvenida. Te hace muy feliz poder formar parte de esta importante tarea. Observa los rayos violeta que el ángel irradia e inundan tu templo. Imagínate que esta luz se propaga, llenando el mundo de luz angelical. Tal vez quieras centrarte en un tipo determinado de maldad, en cuyo caso basta con que digas para tus adentros unas palabras que lo sinteticen sin extenderte en el problema concreto, porque eso podría angustiarte. El ángel sabrá en qué estás pensando y enviará debidamente su amor y su energía. Otra opción es que no pienses en nada ni nadie concreto, ya que los ángeles saben dónde es necesaria su ayuda.

No te centres en el mal o la negatividad que hay en el mundo, piensa, en cambio, en los millones de personas del planeta que se rigen por la bondad de sus corazones y piensa también en las organizaciones que pelean para combatir las situaciones negativas. Siente cómo el centro de tu corazón se expande al pensar en ellas. Envía la luz del ángel y la luz del centro de tu corazón, y nota que te unes a todo lo bueno y positivo. Piensa en esta bondad positiva como una luz gloriosa que ilumina toda la Tierra, y siente que la luz y tú sois uno solo. Siente la dicha y el amor que esta trae a tu corazón, y ten presente que tu labor influye poderosamente en el mundo.

Retén esta visión mientras te resulte agradable y luego deja que tu atención vuelva a tu entorno real. Toma conciencia de que has prestado una ayuda inestimable a los ángeles de las potestades en su lucha continua contra el mal del mundo. Debes saber que la luz tocará a alguien, en alguna parte, y que tu aportación tendrá consecuencias.

Inspira hondo varias veces para devolver la conciencia totalmente al presente y cierra los chakras, como se detalla en el capítulo 2, para anclarte del todo. Bebe un poco de agua, porque esto también te ayudará a anclarte y a regresar completamente de la meditación. Puedes hacer esta meditación a diario si lo deseas. Realizarla cada día a la misma hora focalizará tu mente y descubrirás que te facilita la tarea. También puedes hacerla una vez a la semana, el mismo día a la misma hora, y el trabajo será igual de intenso.

Capítulo 15

POTESTADES:
ELIMINAR BLOQUEOS NEGATIVOS

Los ángeles de las potestades también pueden ayudarte a deshacerte de los bloqueos emocionales negativos que se interponen en tu camino espiritual. Estos bloqueos podrían remontarse a la infancia y podrías estar sufriendo aún el trauma resultante del incidente, pero sean cuales sean las dificultades, los ángeles de las potestades pueden ayudar a desbloquear la energía negativa que te impide avanzar y llevarte a un estado de comprensión, amor y perdón. Tal vez este bloqueo se deba a algo que te han hecho y te cuesta perdonar, o quizá sea algo que has hecho tú y no te perdonas. Las potestades están a tu lado para darte amor y animarte con su comprensión. Levantarán gradualmente el bloqueo emocional y te ayudarán a entender que en aquel momento hiciste lo que pudiste.

Los episodios de la infancia pueden marcarnos de por vida y darnos una idea errónea de quiénes somos y de lo que somos. Si de niño abusaron de ti, puede que mantengas la actitud de maltratado hasta la madurez, lo que atraerá situaciones negativas a tu vida, porque no tendrás confianza en ti mismo para avanzar hacia una actitud de lucha positiva y permanecerás, por contra, atrapado en la falsa creencia de que no eres bueno o de que jamás triunfarás, porque eres un perdedor. Son creencias infundadas, porque todos tenemos en nuestro interior el poder de la luz de Dios para ayudarnos a superar todos los obstáculos y tener una vida plena. Las secuelas de unas vivencias infantiles traumáticas podemos experimentarlas durante toda la vida, pero los ángeles de las potestades pueden sanar gradualmente el dolor y el trauma, y llevarnos a un estado de perdón. Los ángeles están siempre a nuestro lado dándonos tranquilidad, ánimo y amor para ayudarnos a saltar las barreras que nosotros mismos nos ponemos en el camino, y que nos impiden vivir una vida feliz y plena.

Aferrarte a creencias equivocadas sobre ti mismo puede dificultar gravemente tu habilidad para conseguir los objetivos y sueños que tienes en esta vida, porque no te verás realmente capaz de triunfar. Semejantes creencias pueden tener un efecto devastador en nuestras vidas y nos impiden alcanzar nuestro verdadero potencial. Tal vez no se adviertan en la personalidad, ya que las creencias negativas profundamente arraigadas que tenemos de nosotros mismos son exactamente así: son profundas y están ocultas a nuestra mirada cotidiana de nosotros mismos. Esas creencias y esos sentimientos se encuentran en lo más hondo de nuestro ser y nublan lo que pensamos de nosotros mismos, dando lugar a una idea errónea de quiénes somos y lo que podemos conseguir. Sea cual sea la causa, ya sea algo que nos hicieron o algo que hicimos y de lo que nos avergonzamos, las repercusiones en nuestras vidas son dramáticas.

Los ángeles de las potestades pueden llevarte a un lugar interior en el que desprenderte de las emociones negativas asociadas a incidentes pasados. Sanan con delicadeza sin necesidad de análisis profundos que pueden resultar tan perjudiciales como el episodio original.

Te hicieran lo que te hicieran en el pasado, los ángeles de las potestades pueden sanar tu corazón con dulzura y hacerte entender que el perdón es el único camino posible. No dejes que quienquiera que te hizo daño en el pasado te arruine la vida para siempre, porque estarás dándole poder sobre ti. ¿Por qué esa persona(s) ha de tener tanto poder como para impedir que vivas feliz? Suelta lastre y todo irá bien, y experimentarás una tremenda sensación de alivio. Soltar físicamente con un gran suspiro de alivio ayuda. La meditación de este capítulo contribuirá en gran medida a liberar emociones negativas del pasado.

Aferrarse al pasado duele, y la incapacidad de perdonar es algo que el ego hace por miedo. Las viejas heridas, sean de cuando sean, pueden seguir siendo una gran amenaza para él, especialmente si en aquella época te sentiste indefenso y vulnerable. No habría que hacer sentir así a nadie, y el dolor anímico que esto puede causar podría corroer a una persona e inhibir el crecimiento. El ego sigue luchando contra esos sentimientos de indefensión y vulnerabilidad; ve en el perdón una debilidad y puede sentirlo como una gran amenaza, pero el espíritu interior es más fuerte y sabe que la persona no es vulnerable, y que cuenta siempre con el amor y la ayuda de los ángeles. El ego continúa librando la batalla mucho después del incidente real, lo que se traduce en desesperación y falta de perdón, cosa que produce una angustia tremenda en el alma. La meditación en los ángeles de las potestades que hay en este capítulo sanará el ego atemorizado y aportará paz y alivio al alma.

Si tu problema está en algo negativo que hiciste y pensar en ello te angustia, los ángeles sanarán con dulzura el dolor y llevarán el perdón a tu corazón. Si te aferras al dolor y te atormentas, imagínate que otra persona hubiera hecho lo mismo. ¿Serías tan duro con ella? ¿Serías más comprensivo si un amigo te confiase algo que hizo de lo que se avergüenza? Probablemente la respuesta sea afirmativa, porque somos capaces de perdonar los errores ajenos, pero pocas veces sentimos el mismo tipo de compasión hacia nosotros mismos por equivocaciones similares. Todos nos equivocamos y hacemos cosas que luego lamentamos, pero de nada sirve que nos obsesionemos y nos arruinemos la vida por ellas. El pasado, pasado está, y ya no existe, salvo en nuestra mente.

Solemos perdonar a los demás con mucha más facilidad que a nosotros mismos. También estamos mucho más dispuestos a entender a los demás que a nosotros mismos. Estas emociones negativas pueden suponer serios obstáculos para el camino espiritual y hay que afrontarlas. Es aquí donde la sanación angelical es tan importante, porque ayuda a aliviar el dolor del ego y a llevar la sanación a un corazón atormentado. La sanación angelical nos ayuda a dejar atrás el pasado y ver las cosas desde otra perspectiva. Si nos sentimos culpables porque hemos hecho daño a alguien, puede ser útil envolver a esa persona en luz angelical a modo de desagravio. Visualízala rodeada de ángeles e inundada con su luz. Luego destierra todo el incidente de tu mente. Los ángeles llevarán a tu corazón una sanación maravillosa, ¡y quién sabe qué efectos tendrá en la otra persona!

La meditación en los ángeles de las potestades que hay en este capítulo traerá a tu corazón compasión y amor por ti mismo, y una comprensión más profunda del porqué de tu actuación. El perdón vendrá con la ayuda de los ángeles, y descubrirás en tu alma una renovada paz y tranquilidad que reemplazará los bloqueos que te impedían ver tu verdadero potencial como ser espiritual.

Si el bloqueo lo produce algo que te hicieron, la meditación en los ángeles de las potestades dará lugar a una comprensión y un perdón que no creías posibles. Soltar lastre es la única vía si quieres dejar atrás lo que ocurrió, y, como ya he dicho, ¿por qué vas a dejar que esa persona(s) controle tu vida eternamente? Perdona y entiende y libera todas las emociones negativas que impiden tu felicidad. Los ángeles están siempre a tu lado para ofrecerte apoyo y amor, y te darán la fuerza que necesitas para sanar tu corazón y tu alma.

ORACIÓN A LAS POTESTADES

Queridísimas potestades: os doy las gracias por el trabajo que hacéis para llevar la sanación a los corazones humanos y rezo para que vuestra luz sanadora me inunde y erradique todos los bloqueos que me impiden seguir avanzando. Traed amor y perdón allí donde mi corazón lo necesite, y llevadme a un estado de paz y alegría.

MEDITACIÓN EN LAS POTESTADES PARA ELIMINAR BLOQUEOS NEGATIVOS

Siéntate frente a tu altar angelical y enciende tu vela, teniendo presente que la llama simboliza la luz del mismísimo centro de tu ser, que es la luz de Dios. Relájate como se detalla en el capítulo 2 y reza la oración a las potestades. Imagínate en tu templo y fíjate en que tu ángel de la guarda te está esperando allí. Se coloca detrás de ti envolviéndote en un brillo radiante, dispuesto a darte apoyo y comprensión durante la meditación. Recorre tu templo con la mirada y repara en sus colores y su diseño para focalizar de verdad la mente y desconectar de tus pensamientos cotidianos. Imagínate ante ti a un ángel soberbio que irradia una maravillosa luz de color rosa. Esta luz inunda todo tu ser y te trae una dulce paz y felicidad, y una sensación de seguridad y protección.

Siente cómo la luz te llena de amor hacia ti mismo y toda la creación. Retén en la mente el incidente que te preocupa, pero procura desapegarte de él. Siente que el poder del ángel se apodera de ti, eliminando los bloqueos que este incidente produce y llenándote, en su lugar, de amor, comprensión y perdón. Si hay otra persona involucrada a la que te cuesta perdonar, usa la meditación en los tronos del número ocho detallada en el capítulo 10. Imagínate un ocho de luz extendido ante ti. Estás sentado en un círculo y enfrente, en el otro círculo del número, está sentada la persona a la que deseas perdonar. En la intersección se halla la potestad envolviéndoos a ambos en una hermosa luz. El ángel empuña una larga espada que levanta y desciende con suma precisión, cortando los lazos que os ataban. Toma conciencia de que se producirá en ti la sanación y aceptarás lo que sea que pasó. Te sientes lleno de amor hacia ti mismo y de perdón hacia la otra persona implicada. Todo pertenece al pasado, y ahora esperas con ilusión un futuro feliz y positivo carente de angustia y emociones negativas.

Si realmente te cuesta perdonar a la otra persona, imagínate que le das al ángel todas tus emociones negativas. Visualiza los sentimientos como una nube oscura que levantas de tu alma y entregas al ángel, que se la lleva y te envuelve en una cálida luz dorada de amor y sanación. El ángel te ayudará a superar y liberar estas emociones negativas, y a avanzar hacia una vida mucho más feliz y plena. Repitiendo esta meditación, poco a poco llegarás a un estado de perdón y descubrirás la alegría en tu corazón.

Retén la sensación de ese amor angelical que te envuelve mientras estés a gusto y luego devuelve la atención a tu entorno real. Cierra los chakras como se detalla en el capítulo 2 y bebe un poco de agua para anclarte más aún. Experimentas una tremenda sensación de liberación y alivio, y sabes que a partir de ahora afrontarás el futuro con un corazón positivo y valiente. Todo está bien, y el pasado ya no te domina.

Dale las gracias a la potestad por la maravillosa sensación de liberación y por el amor sanador que te ha dado. Debes saber en lo más profundo de tu corazón que perdonas, sea a ti mismo o a otra persona. La sanación ha tenido lugar en un plano anímico profundo y te permite seguir adelante con un corazón feliz y contento.

Capítulo 16

PRINCIPADOS:
AYUDAR A LAS ESPECIES EN PELIGRO DE EXTINCIÓN

El bienestar animal es un tema que toca la fibra sensible de mucha gente, especialmente preocupa la protección de especies en peligro cuya existencia sufre la amenaza de cazadores furtivos o de la destrucción de hábitat. Los principados trabajan incansablemente para ayudar a proteger a las especies en peligro de extinción y procuran el bienestar de toda la vida animal, incluidas las aves y la vida marina. Lo hacen prestando ayuda y apoyo a todas aquellas organizaciones e individuos que trabajan para proteger a los animales que, por la razón que sea, están en peligro. También trabajan en los corazones de aquellos que pescan y cazan ilegalmente especies varias, haciendo peligrar su supervivencia en libertad.

Si este es un tema por el que sientes una afinidad especial, trabajar con las potestades llevará a tu corazón alegría y satisfacción. En el mundo hay muchas especies en peligro de extinción por diversas razones: por ejemplo, la caza por parte de los humanos o la reducción de hábitats debido a la invasión humana.

Lamentablemente, se sigue tratando a los animales con mucha crueldad, y los principados trabajan para llevar amor y sanación a los corazones humanos. Hay muchas organizaciones que luchan por el bienestar de los animales y de toda la vida salvaje, y los principados les brindan su amor y su apoyo.

Los ángeles no juzgan nunca a los humanos, sino que trabajan amorosa e incesantemente para enmendar los errores que cometemos. Es posible colaborar de cerca con los principados para ayudar a sanar el daño infligido a ciertas especies animales, y puede ser una tarea muy gratificante. Los principados actúan ayudando a todas las especies vivas del planeta, incluyendo insectos, reptiles, peces, ballenas, mamíferos y aves. Su trabajo pasa también por dar poder sanador a aquellas organizaciones y refugios que acogen animales abandonados y descuidados. Esta labor me llega al alma y me produce una gran alegría y satisfacción colaborar así con los ángeles.

Si quieres sumarte a esta labor, medita en los principados para ayudar a las organizaciones que luchan con tanto tesón a favor de la vida salvaje vulnerable y en peligro de extinción, y a todas aquellas organizaciones que trabajan para asistir y curar a los animales maltratados. Solo te robará diez minutos al día y será una aportación muy valiosa. Yo colaboro con los principados una vez a la semana, a la misma hora, y me llena de satisfacción porque sé que el poder angelical está ayudando y sanando en alguna parte del mundo.

ORACIÓN A LOS PRINCIPADOS

Queridísimos principados, agradecemos el trabajo que hacéis con la vida salvaje vulnerable y en peligro de extinción. Rezamos para aportar más energía a vuestra labor de asistencia a aquellas organizaciones y refugios que trabajan sin cesar ayudando a la vida salvaje, y somos conscientes de que vuestra amorosa energía fluye constantemente hacia ellos.

MEDITACIÓN EN LOS PRINCIPADOS PARA AYUDAR A LAS ESPECIES EN PELIGRO DE EXTINCIÓN

Siéntate cómodamente con la espalda recta frente a tu altar angelical y haz varias inspiraciones profundas. Enciende tu vela y concéntrate en la llama, recordando que simboliza la chispa divina que hay en ti. Reza la oración a los principados y a continuación realiza el ejercicio como se describe en el capítulo 2. Cuando estés preparado, imagínate en tu templo interior junto a tu ángel de la guarda, que está dispuesto a ofrecerte su apoyo para la tarea que te dispones a llevar a cabo.

Imagínate delante del ángel bañado en una hermosa luz de color rosa. Es una luz muy intensa y ves cómo se difunde llenando tu templo. Esta gloriosa luz inunda también todas las células de tu ser, así que siente cómo se irradia desde tu cuerpo hacia el mundo entero. Si tienes debilidad por alguna causa u organización, ha llegado el momento de que te concentres en ella unos instantes y veas la luz del ángel envolviendo a todos los trabajadores y animales a los que ayudan. Fíjate en que la luz se difumina por el mundo dando fuerzas a todas las organizaciones que luchan en beneficio de todas las especies en peligro de extinción, y sé consciente de que esta labor realmente ayuda a los implicados en esta causa. Observa también que la luz envuelve a las especies vulnerables que puedan sufrir estrés debido al cambio climático o la invasión humana de sus hábitats.

Permanece en esta bella luz, sintiendo cómo se difunde por el mundo entero, mientras estés cómodo. Acto seguido devuelve la atención a tu entorno real. Inspira hondo unas cuantas veces y luego cierra los chakras como se detalla en el capítulo 2. Bebe un poco de agua para anclarte del todo.

Si te inquieta profundamente el bienestar de los animales y toda la vida salvaje, esta labor te parecerá muy gratificante. Como he dicho, yo practico esta meditación una vez a la semana, el mismo día a la misma hora para que la mente se habitúe realmente a la regularidad del trabajo. Esto ayudará a focalizar la mente con más intensidad en la tarea que vas a emprender y hará que sea mucho más poderosa.

Capítulo 17

PRINCIPADOS:
FOMENTAR LOS DERECHOS HUMANOS Y ERRADICAR LA DISCRIMINACIÓN

Si fomentar los derechos humanos es una causa que te toca la fibra sensible, los principados son los ángeles con los que tienes que colaborar. Puede que creas que no puedes hacer nada para ayudar en el plano físico, excepto tal vez apoyar a las organizaciones que luchan por los derechos humanos. Pero hay algo muy valioso que puedes hacer para ayudar a estas organizaciones: envolverlas en la luz de estos ángeles cuyo poder intensificará enormemente la labor que realizan.

Los principados asisten a estas organizaciones que luchan por los derechos humanos y a aquellos que trabajan para erradicar la discriminación en todas sus formas. Si te sientes discriminado, estos son los ángeles a los que debes pedir ayuda en esa situación.

En caso de discriminación por la razón que sea, ya sea de raza, edad, género o religión, aprender a perdonar y a entender que esa discriminación nace de la ignorancia y del miedo es una empresa valiosa que puede aliviar el dolor que producen semejantes actitudes. Todos llevamos dentro la misma chispa divina y merecemos ser tratados con justicia y respeto.

Es importante que la discriminación no te ofusque y que no te impliques emocionalmente. No le des a esa persona más poder sobre ti enfadándote. El dolor y el sufrimiento que tales situaciones ocasionan puede mitigarse soltando cualquier apego emocional, como la ira, y viendo a la persona(s) responsable envuelta en la luz del perdón. Puede que sea muy difícil hacerlo, pero aliviará el dolor, y los ángeles pueden ser muy útiles en estas situaciones. Permanece en la luz de los principados, una maravillosa luz de color rosa, y te sentirás a salvo y lleno de energía, y estos poderosos ángeles aliviarán cualquier sufrimiento que experimentes.

Los ángeles pueden echar una mano provocando sutilmente un cambio en la actitud de la persona responsable, envolviéndola en su luz. La meditación en los principados que hay en este capítulo también te será muy útil porque te dará valor para perdonar y tomar cualquier medida necesaria, sea informar de la situación a un superior si la discriminación tiene lugar en el trabajo, o emprender acciones legales si crees que por hache o por be te han causado un gran perjuicio.

Optes por lo que optes, en tanto se haga de una forma positiva, los ángeles estarán a tu lado ayudándote e infundiéndote valor para continuar. Tal vez tengas que pronunciarte para defenderte, en cuyo caso deberías envolverte en la luz de los principados para protegerte y rodear a la otra persona de luz angelical, así como para hacer que la situación sea lo más positiva posible.

Aun en nuestro mundo presuntamente civilizado sigue habiendo una enorme discriminación que hace un daño tremendo a muchísima gente. Puede incluso darse entre diversas sectas de la misma religión o, como en África, entre diferentes tribus. El trabajo que hagas con los principados fomentará el entendimiento y aumentará la conciencia de la chispa divina interior, desembocando en la certeza de que todos somos uno ante Dios. La discriminación suele ser consecuencia del miedo, el miedo a que toda cosa o persona distinta a nosotros deba suponer una amenaza. Los principados se afanan incansablemente en que el corazón humano entienda que las personas que a primera vista no son como nosotros no deben producirnos ningún miedo. Trabajan sin tregua para concienciarnos de que es el ego el que teme la diferencia y de que en el plano anímico no hay diferencias, porque todos venimos de la misma fuente divina. Los principados pueden hacernos entender que todos somos iguales más allá del ego y que no hay nada que temer. El amor de los ángeles abrirá los corazones de toda la humanidad al poder divino y al entendimiento de que todos somos uno.

Hay muchos lugares en el mundo donde los derechos humanos se obvian, y envolverlos en la luz de los ángeles para llevar sanación a las almas humanas, y para ayudar a fomentar la justicia y la comprensión es una labor muy valiosa. La falta de respeto por los derechos humanos suele ser consecuencia del miedo a perder de algún modo el poder, pero los ángeles trabajan incesantemente para ayudar a aquellos perjudicados por semejantes actitudes a encontrar la sanación y la fuerza. Asimismo actúan en los corazones de los autores de tales acciones, y tú puedes colaborar con ellos para llevar su amor y luz sanadores al mundo a fin de erradicar esta falta de respeto al prójimo. Es una de las labores más importantes que puedes realizar junto con los ángeles. Si se hace desde el cariño verdadero, puede proporcionar una gran alegría al espíritu que llevamos dentro.

ORACIÓN A LOS PRINCIPADOS

Queridísimos principados, agradecemos vuestro trabajo y rezamos para que nuestros esfuerzos de colaboración lleven alivio y ayuda a aquellas zonas del mundo donde los derechos humanos se obvian. También rezamos para que vuestra luz alumbre las actitudes negativas y para que seamos capaces de perdonar cuando haya dolor y rabia.

MEDITACIÓN EN LOS PRINCIPADOS PARA FOMENTAR LOS DERECHOS HUMANOS

Enciende una vela y siéntate cómodamente frente a tu altar con la espalda recta y las manos relajadas sobre el regazo. Concéntrate en la llama de la vela y recuerda que es un símbolo de la luz interior, que es una chispa de Dios. Esta chispa interior no conoce la discriminación y puede llevar la sanación a las situaciones más delicadas. A través de la meditación en los ángeles, crecerá y te dará valor e inspiración, y quizá seas capaz de perdonar.

Reza la oración a los principados y acto seguido haz varias inspiraciones profundas y realiza el ejercicio de relajación como se detalla en el capítulo 2. Imagínate que estás en tu templo, donde te espera tu ángel de la guarda, que se coloca detrás de ti con las manos sobre tus hombros para darte apoyo durante la meditación.

Contempla ante ti al más bello de los ángeles bañado en una luz de color rosa, el color del amor y la sanación. Esta luz inunda tu templo y te envuelve en un cálido resplandor.

Si quieres ayudar a las organizaciones que luchan en favor de los derechos humanos, visualiza la luz de color rosa envolviendo el logotipo o el nombre de la organización a la que quieres ayudar. Si en algún lugar del mundo se produce una discriminación contra grupos de personas que te disgusta especialmente, envuelve la zona en la luz de los ángeles o pronuncia el nombre de los grupos de personas involucrados. Puede que te dé la impresión de que es imposible ayudar de verdad, pero ten la certeza de que se trata de una meditación muy poderosa y de que en alguna parte del mundo recibirán tu ayuda. Observa cómo el ángel irradia su luz de color rosa desde tu templo al mundo, donde sana la maldad que producen el miedo y la ignorancia. Retén esta visión mientras estés a gusto, y luego devuelve la conciencia a tu entorno real. Cierra los chakras como se detalla en el capítulo 2 y bebe un poco de agua para anclarte del todo.

Si sufres un problema de discriminación, siente cómo la luz de color rosa del principado te envuelve y llena cada célula de tu ser de consuelo y amor. Nota cómo este amor te infunde valor y confianza para dar todos los pasos necesarios.

A continuación visualiza un número ocho de luz de color rosa, con el ángel colocado en la intersección de los dos círculos. Tú estás sentado en la mitad inferior del número y la persona(s) con la que tienes el problema, en la mitad superior. El ángel os envuelve en la intensa luz rosa y sabes que sea lo que sea lo que tengas que hacer, todo irá bien. La luz te proporciona valor para defenderte con actitud positiva y resolver la situación.

Retén esta visión mientras te resulte cómodo y luego devuelve la conciencia a tu entorno real. Dale las gracias al ángel por ayudarte llevando consuelo sanador a tu situación. Cierra los chakras como se detalla en el capítulo 2 y bebe un poco de agua para anclarte aún más. Toma conciencia de que todo irá bien y de que dispondrás del valor y toda la ayuda necesaria de los ángeles para afrontar el problema de forma positiva y justa.

Capítulo 18

PRINCIPADOS:
LLEVAR ENERGÍA POSITIVA
A PUEBLOS Y CIUDADES

Como vivo en medio del campo, solía pensar que los pueblos y las ciudades grandes eran lugares muy negativos, y que cuando fuese a un sitio como Londres percibiría una energía negativa y me tendría que envolver en una burbuja de luz protectora. Sin embargo, pese a que en las ciudades hay mucha negatividad, también son lugares con una energía positiva tremenda.

Si vives en una ciudad, habrás notado la energía vibrante que desprende todo el lugar y sabrás lo emocionante y excitante que puede llegar a ser la vida urbana. Una ciudad es un sitio donde la gente puede prosperar y progresar, un lugar de abundantes oportunidades y positivas actividades creativas. No cabe duda de que también hay bastante energía negativa en una ciudad, cosa que no es de extrañar en vista de la densidad de población. Lo raro sería que no la hubiese.

La energía de una ciudad puede ser muy creativa y estimulante. Las ciudades pueden hacer más acusada la soledad, pero también son sitios donde hay muchas posibilidades de conocer gente y entablar amistades positivas. Asimismo hay mucha naturaleza en las ciudades, ya que la mayoría tienen parques y jardines con abundante fauna y flora. En ellas operan toda clase de ángeles para ofrecer el mayor número de oportunidades a quienes viven allí, para cuidar de la vida salvaje y para estimular e inspirar toda la actividad humana.

Dentro de la jerarquía de los principados hay un ángel concreto, o deva, para cada ciudad, que cuida de toda ella y está al cargo de los diversos ángeles que actúan en distintos ámbitos de la misma. Este ángel es muy poderoso y lo ve todo, y puede invocarse para que fomente energía positiva donde sea necesario. Este hermoso ángel trabaja intensamente para combatir la energía negativa de la ciudad e intenta por todos los medios que la bondad positiva de todos los ciudadanos aflore de una forma creativa y armoniosa.

Si vives en una ciudad, sintoniza con este ángel y siente la energía vibrante que irradia. Esta energía te estimulará y te protegerá de las fuerzas negativas que, por desgracia, están demasiado extendidas en lugares donde conviven estrechamente un gran número de seres humanos.

Cada ciudad o pueblo tiene también un ángel concreto que vigila la zona. De modo que, vivas donde vivas, sintoniza con tu deva «local» y experimenta su energía positiva, que es creativa y estimulante, y está al alcance de cualquiera que resida en el área.

El objetivo de estos devas es fomentar la armonía y el espíritu comunitario entre los habitantes, y combatir las fuerzas negativas que imperan. Los seres humanos son muy vulnerables a estas fuerzas y puedes ayudar a los ángeles a vencerlas sintonizando con ellos e irradiando su luz y su amor a tu entorno. Al sintonizar con estos ángeles te abres también a su energía creativa e inspiradora, que siempre irradian para influir en todos aquellos que perciben el poder angelical. Las ciudades y los pueblos rebosan de energía creativa, y, en honor a la verdad, tienen mucha más energía positiva que negativa, pero lamentablemente los noticiarios y la gente suelen fijarse en los acontecimientos negativos.

Como vivo en el campo, soy muy consciente de la presencia de los ángeles de la naturaleza. Yo experimento la tranquilidad y la belleza del campo, pero semejante paz y tranquilidad también puede encontrarse en las ciudades y los pueblos, si prestas atención y aprovechas los espacios al aire libre, como los parques y jardines. Cuando vayas a un parque, toma conciencia de los ángeles de la naturaleza que actúan en él. Sintonizando con su belleza, hallarás paz e inspiración, y nutrirás tu alma positivamente. Sintonizar con la tranquilidad de los ángeles es una actividad que puede realizarse en cualquier sitio, en el entorno que sea. También se puede intensificar la apreciación de la belleza en la ciudad, porque, si la buscas, está por doquier. Prueba a pasear por tu calle y contar la cantidad de cosas hermosas que hay, apreciándolas de verdad. Enriquecerá más tu vida, ya que cuanto más consciente seas de la belleza, más repararás en ella.

La siguiente meditación te llevará a un estado de paz y tranquilidad, y te hará plenamente consciente de las oportunidades positivas que ofrecen una ciudad o un pueblo. Practícala con regularidad una vez a la semana a fin de conseguir la máxima ayuda para vivir en tu entorno con armonía. Sintonizando con los ángeles, puedes ayudarles a aportar energía positiva para vencer las fuerzas negativas, y contribuyes a que se tome conciencia de las posibilidades creativas y sociales que ofrecen los pueblos y ciudades.

ORACIÓN A LOS PRINCIPADOS

Queridísimos principados, os damos las gracias por la labor que hacéis combatiendo las fuerzas negativas para que los pueblos y ciudades sean lugares más seguros. Rezamos para que nuestra aportación contribuya a vencer estas fuerzas negativas y conlleve la toma de conciencia de los aspectos creativos y positivos que surgen por doquier en este pueblo (ciudad).

MEDITACIÓN EN LOS PRINCIPADOS PARA QUE HAYA ENERGÍA POSITIVA EN LAS CIUDADES

Siéntate cómodamente con la espalda recta frente a tu altar angelical. Enciende tu vela y recuerda que la llama simboliza la chispa de Dios que anida muy dentro de ti. Reza la oración a los principados y acto seguido relájate como se detalla en el capítulo 2. Imagínate que estás en tu templo interior, donde tu ángel de la guarda te recibe con los brazos abiertos para envolverte en una luz gloriosa. Con el ángel de la guarda a tu lado, visualiza frente a ti a un hermoso ángel de luz dorada. Siente cómo esta luz te envuelve, llenando cada célula de tu ser. Imagínate que inunda todo tu templo y se expande hacia tu entorno material. Observa cómo esta luz, con toda su intensidad creativa y positiva, envuelve enteramente la ciudad o el pueblo donde vives y lleva luz a todos los que allí residen. Esto producirá un efecto muy positivo y creativo. Toma conciencia de que la luz del ángel tocará a muchas personas. Tu contribución proporcionará una energía positiva muy necesaria a muchos ámbitos de la vida de la ciudad o el pueblo, y la magia angelical tocará a mucha gente, obrando milagros en sus vidas.

Retén esta sensación mientras puedas y luego devuelve la conciencia a tu entorno material. Cierra los chakras como se detalla en el capítulo 2 y bebe un poco de agua para anclarte aún más. Dale las gracias al ángel por su incansable labor para convertir los pueblos y ciudades en sitios seguros y positivos donde vivir. Puede que sientas que hay demasiada energía negativa en las zonas urbanas como para que tu aportación sea útil, pero aquellos que están receptivos a las fuerzas positivas serán tocados por las alas de los ángeles y notarán su amor y su apoyo.

Capítulo 19

ARCÁNGEL MIGUEL:
PROTEGER A LOS DÉBILES Y LUCHAR CONTRA LA INJUSTICIA

Tal vez los arcángeles sean los ángeles más conocidos de todos, ya que son los que se han aparecido más a menudo a la humanidad transmitiendo mensajes divinos. Dicen que hay siete arcángeles, cada uno con distintos atributos. Son unos ángeles muy poderosos. Colaborar con ellos es especialmente gratificante y llevará mucho amor a tu corazón y sabiduría a tu alma.

Los arcángeles se ocupan más de la sanación individual, por lo que deberías encontrar uno que entienda tu problema concreto. El arcángel Miguel es la excepción, porque protege a los débiles que hay en el mundo. Hay muchas personas que son vulnerables debido a la explotación, la pobreza y las dictaduras, y se sienten demasiado intimidadas como para expresar sus inquietudes. Cualquiera puede ser víctima de una injusticia en cualquier momento, y a menudo parece que no se puede hacer nada al respecto. Da la impresión de que sus autores se salen con la suya, pero, en realidad, nadie puede quedar impune tras cometer una injusticia, porque todos estamos supeditados a la ley divina de causa y efecto, o karma; aunque eso no ayuda a sus víctimas, que quizá sufran el dolor y la consternación de sus acciones.

El arcángel Miguel trabaja sin tregua para proteger a los débiles y vulnerables, y sumarse a esta misión llevará a tu corazón una alegría incalculable. No se dedica a juzgar a aquellas personas que se aprovechan indebidamente de sus cargos de poder, sino que también las envuelve en la luz divina. El perdón forma parte del proceso sanador tanto como el trabajo de los ángeles. A los que son ancianos y vulnerables a las acciones negativas del prójimo también se les envuelve en la luz de los ángeles, puesto que son víctimas de abusos y crímenes. Los niños son especialmente vulnerables a las acciones abusivas del prójimo, a menudo de aquellos que deberían protegerlos. La lista de «débiles» es larga. Ser un colaborador abnegado en el plano terrenal da mucha más intensidad al trabajo de Miguel en su incesante labor de protección de los débiles.

Seguramente convendrás en que parece haber muchas cosas injustas en el mundo, y quizá te sientas impotente para solucionar los problemas que se derivan de esta injusticia, sobre todo si los sufres tú. Pero tienes más poder del que crees, puesto que ayudar al arcángel Miguel a combatir la injusticia en el mundo es una de las cosas más importantes y poderosas que puedes hacer.

Asistir o hacer horas de voluntariado en organizaciones que luchan por ayudar a los que son vulnerables es una forma de echar una mano, pero si no puedes colaborar con ellos en el plano físico, hacerlo desde el plano espiritual es otra manera muy intensa de ayudar. Practica la meditación de este capítulo y envuelve a todos los que luchan contra la injusticia en la luz del arcángel Miguel. Este enviará su amor y su energía a esas organizaciones para participar en la lucha contra las injusticias que hay en el mundo.

La intimidación de los débiles y vulnerables es un delito deleznable, y, si te sientes indefenso ante algo así, practicar la meditación sanadora en el arcángel Miguel es algo muy tangible que puedes hacer. Tal vez pienses que una meditación breve de varios minutos al día no puede hacer gran cosa, pero nunca subestimes el poder de los ángeles, especialmente el del arcángel Miguel, porque su poder y su amor tocarán a alguien, en alguna parte, y en el mundo habrá ese poquito menos de injusticia.

Si crees que has sido víctima de una injusticia, envuélvete en la luz del arcángel Miguel y este llevará a tu alma su poder sanador. No juzga a nadie, por lo que la venganza no es una opción. Sin embargo, su amor y su poder pueden propiciar una solución y contribuir a llevar el perdón a tu corazón, que es el único camino seguro hacia una sanación definitiva. Si el perdón es demasiado difícil, limítate a envolverte en la luz de Miguel y notarás que un bálsamo sanador se difunde por todo tu cuerpo y tu alma. Envuelve también en la luz a la persona(s) responsable de la injusticia y eso contribuirá a fomentar un resultado positivo del problema.

ORACIÓN AL ARCÁNGEL MIGUEL

Arcángel Miguel, agradecemos tu labor de protección de los débiles y rezamos para que nuestra propia aportación contribuya a la sanación que llevas a tantas personas. Que la luz de la bondad y la justicia brille desde nuestros corazones y se mezcle con tu poderosa luz para ayudarnos a oír las voces de aquellos que sufren injusticias.

MEDITACIÓN EN EL ARCÁNGEL MIGUEL PARA COMBATIR LA INJUSTICIA

Siéntate cómodamente frente a tu altar. Si lo deseas, enciende tu vela y concéntrate unos instantes en la llama, que simboliza la luz divina que hay en tu corazón. Reza la oración al arcángel Miguel y luego haz el ejercicio de relajación como se detalla en el capítulo 2. Imagínate que estás en tu templo interior, donde tu ángel de la guarda te espera con amor y te da su apoyo para la labor que te dispones a realizar.

Contempla ante ti al soberbio arcángel Miguel. Su luz dorada inunda tu templo y te envuelve en una cálida sensación de amor y felicidad. Absorbe su luz y observa cómo se difunde por el mundo, donde tantos necesitan su protección y su apoyo. No te centres en ninguna injusticia concreta, ya que el arcángel Miguel sabrá perfectamente dónde dirigir la luz. Su luz dorada inunda el mundo entero, y tú te la imaginas rodeando el globo terráqueo, envolviendo la Tierra entera y protegiendo a los que son muy vulnerables y están en peligro. Si quieres ayudar a una organización en concreto, visualiza su nombre envuelto en la luz del arcángel Miguel y toma conciencia de que su poder va a parar a esos trabajadores que luchan contra la injusticia.

Retén esta imagen en tu mente mientras te resulte cómodo y a continuación devuelve la conciencia a tu entorno real. Debes saber que la magia del arcángel Miguel tocará a alguien, en alguna parte, y que tu trabajo no es en vano, porque trabajas desde el espíritu interior, que es divino y todopoderoso.

Cierra los chakras como se detalla en el capítulo 2 y bebe un poco de agua para anclarte aún más. Dale las gracias al arcángel Miguel por su labor, tan necesaria en el mundo. Puedes repetir esta meditación con la asiduidad que seas capaz. Yo normalmente la hago cada dos días, alternándola con cualquier otra meditación concreta que me apetezca hacer en ese momento.

Si crees que has sido víctima de alguna injusticia, es muy sanador practicar una meditación en el arcángel Miguel. Prepárate como he descrito previamente y visualízate en tu templo rodeado de la luz amorosa y sanadora del arcángel Miguel. Imagínate que la luz que emana de Miguel forma un número ocho. Estás sentado en una parte y el autor o autores de la injusticia están en la otra. El arcángel Miguel se coloca en la intersección empuñando una espada de luz. Observa cómo desciende la espada tres veces para cortar el vínculo que os une. Es un ejercicio muy efectivo que llevará la sanación a tu corazón. Asimismo sanará la situación y te sorprenderá de qué manera se repara la injusticia.

Es importante cerrar los chakras completamente después de esta meditación y, como medida de sanación extra, colócate en el centro de una cruz de luz inserta en un círculo de luz. Es un poderoso símbolo de protección contra las fuerzas negativas y aportará a tu corazón un plus de sabiduría.

Capítulo 20

ARCÁNGEL RAFAEL:
SANAR ENFERMEDADES Y DOLENCIAS

Cualquier tipo de enfermedad puede ser aterrador y desmoralizante. Algunas veces nuestro miedo puede limitar el proceso sanador y la actitud negativa que el miedo conlleva puede ser un serio obstáculo para la sanación. El arcángel Rafael puede ser de gran ayuda en esta situación, calmando el miedo y la rabia y sanando tus emociones y actitud mental, además de tu cuerpo físico. Rafael es un sanador muy poderoso. Meditar en él llevará a tu cuerpo el poder sanador divino y también ayudará a ahuyentar el miedo que pueden producir las enfermedades graves, llevando a tu corazón una confianza renovada en tu recuperación.

La sanación angelical no debería considerarse un sustitutivo del tratamiento médico, sino algo que se complementa con la ayuda médica. Si no te encuentras bien, consulta siempre a tu médico, pero practica también la meditación en el arcángel Rafael para añadir una intensidad sanadora extra a cualquier tratamiento que sigas.

La sanación espiritual actúa en un plano profundo sanando el alma, donde la enfermedad y la dolencia aparecen primero antes de reflejarse en el cuerpo físico. Llegar a la causa originaria de tu enfermedad puede ser muy beneficioso y acelerará el proceso de sanación. El arcángel Rafael sanará el alma, provocando así una dulce sanación en el cuerpo, y también proporcionará una sensación de tranquilidad y de paz tal que no habrás experimentado hasta entonces.

La sanación angelical con Rafael tiene lugar en un plano muy profundo, y te envolverá en un amor que te llenará de energía y te dará confianza en tu recuperación. Por muy chafado que te haga sentir la enfermedad, debes saber que los ángeles están contigo dándote la mano y susurrándote palabras de aliento. Puede que sea complicado llevar una vida normal estando enfermo, pero Rafael traerá su fuerza y su amor a tu ser físico y descubrirás que la vida adquiere otro sentido. Rafael estará contigo, al igual que tu ángel de la guarda, que nunca se va de tu lado y está siempre ahí envolviéndote en amor sanador.

Cuando mi madre se puso muy enferma, estuve hablando con su médico y mencioné de pasada que estaba recibiendo sanación espiritual. Pensé que se sorprendería, pero me dijo, en cambio, que era la mejor sanación que podía recibir. Ten fe en tu sanación y ten fe en los ángeles, porque su sanación no es algo ilusorio. La sanación angelical es muy poderosa y traspasa los sentimientos de impaciencia y miedo para llevarte a un estado anímico sereno y alegre. Trabajando con el arcángel Rafael descubrirás que todas las facetas de tu vida mejoran y no solo tu salud, ya que te envuelve en el amor sanador más poderoso que puedas imaginar.

Cuando te encuentras mal no es fácil meditar, pero limítate a pedir ayuda al arcángel Rafael y estará contigo, dándote su amor y sanándote. Rafael emite una intensa luz plateada, el color de la sanación; si te ves capaz, dirígela hacia el lugar de tu cuerpo donde está la dolencia. Simplemente imagínate a este hermoso ángel frente a ti, dirigiendo un intenso rayo de luz hacia tu zona problemática, y siente cómo la luz llena cada célula de tu ser. No te esfuerces demasiado en concentrarte; el secreto es relajarse y que no te preocupe le claridad de tu visualización. Nada más pensar en Rafael este vendrá hasta ti con su poder sanador.

Tampoco importa cuánto rato mantengas la visualización, porque intentar que dure mucho puede producir tensión y frenará el poder sanador. Haz una relajación rápida, relajando los hombros y la nuca, y los músculos faciales, y realiza una inspiración profunda para liberar cualquier tensión que notes. Es útil hacer una afirmación como: «La luz divina inunda cada célula de mi ser». Pronuncia esta sencilla afirmación varias veces al día para tener presente el poder sanador que fluye de los ángeles hacia ti. Una afirmación muy poderosa es: «El poder sanador divino del arcángel Rafael inunda cada célula de mi ser». Estas afirmaciones llevarán valor y fuerza al alma y permitirán que el poder sanador de Rafael entre en el cuerpo físico.

Si te ves capaz de hacerla, la siguiente meditación en Rafael contribuirá enormemente a darte la seguridad de que todo irá bien y hacerte entender que la sanación puede producirse.

ORACIÓN AL ARCÁNGEL RAFAEL

Queridísimo arcángel Rafael, te doy las gracias por el poder sanador divino que eres capaz de llevar a la humanidad. Que traigas sanación a mi alma y mi cuerpo, y erradiques la dolencia que tengo. Agradezco que me ayudes en mis horas bajas.

MEDITACIÓN EN EL ARCÁNGEL RAFAEL PARA SANAR EL CUERPO

Siéntate cómodamente en un sitio donde estés calentito y a gusto. Si no se tercia, no es necesario que tengas el altar delante. Si tienes una vela a mano, enciéndela; de lo contrario, imagínate una llamita para tener presente el poder divino que reside en tu interior. Reza la oración al arcángel Rafael, luego inspira hondo unas cuantas veces para serenarte y haz el ejercicio de relajación detallado en el capítulo 2. Cuando estés relajado, imagínate en tu templo interior. Tu ángel de la guarda está ahí envolviéndote en la luz de color rosa del amor. Se coloca detrás de ti con las manos sobre tus hombros para darte apoyo.

Imagínate a un ángel soberbio frente a ti que irradia una luz plateada. Te envuelve en amor, y la luz plateada atraviesa todo tu ser: cuerpo, alma y mente. Siente cómo la luz plateada irradia todo tu cuerpo, mitigando la dolencia y devolviéndole un sano equilibrio. Si hay una parte concreta de tu cuerpo que necesite sanación, visualiza al arcángel Rafael dirigiendo un intenso rayo plateado a esa zona y toma conciencia de que se producirá una sanación en un plano profundo. Cualquier miedo desaparece con el poder de Rafael, cuyo amor sanador te proporciona una profunda paz y la certeza de que todo está bien.

Tal como he mencionado en el capítulo sobre los ángeles de la guarda (capítulo 4), el verde es también un color muy sanador por su poder limpiador. Es especialmente adecuado para curar toda clase de infecciones y suelo usarlo cuando estoy resfriada.

Si tienes una infección, imagínate al arcángel Rafael emitiendo una preciosa luz verde que inunda tu cuerpo entero. Es algo sumamente limpiador y elimina cualquier infección que tengas. También es una luz fortificadora. Cuando inunda tu cuerpo, te da fuerzas para combatir naturalmente la infección. Envuélvete en esta luz verde mientras puedas y toma conciencia de que se está produciendo una sanación gradual.

Cuando estés preparado, devuelve la conciencia a tu entorno real e inspira hondo unas cuantas veces. Cierra los chakras como se detalla en el capítulo 2 y luego bebe un poco de agua para anclarte completamente. Dale las gracias al arcángel Rafael por el amor sanador que te ha dado y siéntete en paz contigo mismo.

El poder sanador de Rafael también puede enviarse a algún conocido que necesite sanar. Es posible enviar amor sanador a cualquier persona, y es un ejercicio de ejecución muy sencilla. Es un trabajo bonito y puede aportarle al alma una paz y una satisfacción enormes. La sanación espiritual actúa en muchos planos distintos y lleva a tu propia alma una tremenda sensación de bienestar. Envíala haciendo la siguiente meditación, y toma conciencia de que el amor sanador del arcángel Rafael llevará paz y sanación a esa alma.

ORACIÓN AL ARCÁNGEL RAFAEL

Queridísimo arcángel Rafael, agradecemos tu poder sanador, que viene directamente de Dios, y rezamos para que envíes tu amor sanador a (pronuncia el nombre de la persona a la que deseas mandar la sanación). Que tu poder sanador lleve bienestar a esta alma y una profunda sensación de paz y aceptación.

MEDITACIÓN EN EL ARCÁNGEL RAFAEL PARA ENVIAR PODER SANADOR

Siéntate frente a tu altar y procura estar a gusto y calentito. Enciende tu vela para tener presente la chispa de Dios que hay en tu fuero interno. Esta chispa divina tiene también el poder de sanar cuando la enciende la energía del arcángel Rafael. Haz varias inspiraciones profundas y luego realiza el ejercicio de relajación como se detalla en el capítulo 2. Cierra los ojos e imagínate que estás en tu templo interior, donde tu ángel de la guarda te espera con los brazos abiertos en amorosa bienvenida. Este te envuelve en luz dorada y después se coloca detrás de ti con las manos sobre tus hombros para darte apoyo.

Imagina ante ti la hermosa silueta del arcángel Rafael irradiando una luz plateada o verde (el color que te parezca más apropiado). Después imagínate a la persona a la que quieres enviar la sanación también frente a ti, bañada en la luz sanadora de Rafael. Observa cómo la luz envuelve e impregna cada célula de su ser, y toma conciencia de que el amor sanador de Rafael le devuelve a esa persona la salud y la vitalidad. Retén esta imagen mientras te resulte agradable y luego devuelve la conciencia a tu entorno real. Respira hondo varias veces y a continuación cierra los chakras como se detalla en el capítulo 2. Bebe un poco de agua para anclarte aún más, ¡y no te olvides de apagar la vela!

Quizá pienses que es imposible que tus esfuerzos sanadores tengan alguna repercusión, pero eso es dudar del poder de los ángeles y del poder divino. Ten la seguridad de que la sanación se producirá en algún plano psíquico, porque la colaboración con los ángeles nunca cae en saco roto.

SANACIÓN ANIMAL CON EL ARCÁNGEL RAFAEL

Asimismo, el poder sanador de Rafael puede ayudar a los animales, por lo que si conoces algún animal de compañía que esté enfermo, también puedes envolverlo en la luz sanadora de Rafael. Los animales responden muy bien a la sanación espiritual y es una labor muy gratificante.

Si puedes establecer contacto físico con el animal en cuestión, sintoniza con el arcángel Rafael y pídele ayuda. La recibirás en el acto y él estará dispuesto a envoleros al animal y a ti en amor y sanación. Imagínate a Rafael frente a ti envolviéndote en luz plateada o verde y luego fíjate en cómo esta resplandece intensamente en tu mano. Pon la mano sobre la cabeza del animal y desciende por su columna, visualizando que la luz de Rafael inunda su cuerpo. Ten fe en la labor que realizas, porque conllevará una hermosa sanación. Da las gracias para tus adentros al arcángel Rafael por estar ahí y brindar su ayuda sanadora a tu amigo animal.

Si no tienes contacto con el animal en cuestión, puedes hacer una meditación para enviarle luz sanadora. Prepárate como antes e imagínate que estás en tu templo interior, donde tu ángel de la guarda te recibe con amor. Contempla al arcángel ante ti, sosteniendo en brazos al animal enfermo concreto. Rafael está rodeado de una hermosa e intensa luz plateada o verde, y poco a poco envuelve en ella al animal. Observa cómo la luz inunda todo el cuerpo del animal enfermo, devolviéndole la salud y el bienestar. Cuando estés preparado, deja que la imagen se desvanezca y devuelve la conciencia a tu entorno real. Cierra los chakras como se detalla en el capítulo 2, y toma conciencia de que tu trabajo con Rafael producirá un efecto decisivo.

Yo he probado este ejercicio de sanación en mis propios gatos con resultados muy positivos. Sin embargo, cuando a mi querida *Pepper* le salió un tumor fue imposible sanarla del todo, aunque estoy convencida de que la sanación que Rafael le envió mitigó su sufrimiento. Era bastante mayor para ser un gato, conque le había llegado su hora. El afectuoso cuidado de Rafael me ayudó durante el proceso, y me permitió experimentar una serena aceptación. Sé que al morir *Pepper* pasó a manos de los ángeles y no sufrió nada.

Cualquier sanación que desees compartir con el arcángel Rafael, sea para ti, para otra persona o para un animal, ten presente que en algún plano habrá sanación y que el sufrimiento disminuirá. Ten presente también que el amor de los ángeles te acompaña siempre, sea cual sea el resultado de tus esfuerzos, y que traerá consigo una nueva vitalidad y alegría en lo más recóndito de tu ser.

Debido a su poderosa energía sanadora, Rafael es también el ángel con el que hay que colaborar cuando hay hambruna o enfermedad en el mundo. Su amor y su energía ofrecerán ayuda en semejantes situaciones y alivio a los afectados. Imagínate el área afectada y visualízala inundada de la luz sanadora de Rafael. Toma conciencia de que su poder y su sabiduría ofrecen una valiosa ayuda a todos los que sufren. Asimismo su poder sanador auxiliará a aquellas organizaciones que luchan por paliar la hambruna y la enfermedad en el mundo, aportando una energía y una determinación renovadas a todos los que trabajan en esos grupos. Es una labor muy valiosa que procurará una honda satisfacción espiritual.

Capítulo 21

ARCÁNGEL URIEL:
ENCONTRAR UN RUMBO VITAL
Y PERSEGUIR TUS SUEÑOS

Si llegas a un punto en la vida en que no sabes qué hacer ni hacia dónde ir, el arcángel Uriel es el ángel al que hay que pedir ayuda, porque su gran amor y sabiduría te guiarán para que hagas lo correcto y lo positivo.

Si te hallas en una situación en la que necesitas ideas, Uriel te dará esa inspiración. Hay muchas situaciones vitales en las que necesitas inspiración o requieres un nuevo enfoque, porque tu vida se atasca o no va todo lo bien que esperabas. Quizá te veas en una situación en la que te sientes atrapado en un estilo de vida que sabes que no te conviene, pero no le ves escapatoria y por algún motivo todas las salidas están bloqueadas. La vida te parece monótona y carente de sentido. Sueñas con cómo te gustaría estar viviendo, pero esos sueños parecen inalcanzables. Un estilo de vida tan negativo puede ser destructivo para el alma, sobre todo si no consigues encontrar el modo de mejorar las cosas. Aquí es donde el poder del arcángel Uriel te ayudará, porque puede darte ideas nuevas e iluminar estilos de vida que quizá no se te habían ocurrido. El arcángel Uriel puede desbloquear lo que parece irremediable y mostrar el camino hacia un estilo de vida más positivo y feliz.

A veces estancarse en la rutina puede parecer una opción de vida segura y toda alteración puede dar miedo, aunque sepas que te conviene un cambio. El arcángel Uriel te dará valor para tomar medidas encaminadas a cambiar tu vida y perseguir tus sueños con actitud positiva.

La vida debería ser agradable y positiva, y es nuestro derecho de nacimiento experimentar alegría y felicidad en el día a día, de modo que si tu vida no refleja estos estados anímicos, si tu vida es monótona, entonces la única forma de seguir adelante es un cambio radical. Los ángeles están siempre a tu lado apoyándote en tus empresas e indicándote el camino hacia un estilo de vida mejor. El arcángel Uriel está ahí para ayudarte a alcanzar los sueños que tienes en esta vida y encontrar el rumbo que te falta. Está junto a ti susurrándote palabras de aliento e inspirándote. Te dará nuevas ideas y esperanza, y te ayudará a encarrilarte hacia una vida feliz y dichosa.

Tal vez seas consciente de que el cambio es importante en tu vida, pero si estás agotado y estresado, en ocasiones los árboles no dejan ver el bosque. Uriel llevará a tu corazón y tu mente una paz profunda, y te ayudará a ver cuál es el mejor camino a seguir.

Quizá sepas lo que te gustaría conseguir en esta vida, pero no cómo alcanzar esos sueños. El arcángel Uriel puede hacer tus sueños realidad. Puede liberar el enorme poder que es la verdad de tu ser y ponerte en la senda del éxito y la prosperidad. Sueñes con lo que sueñes, puede convertirse en una realidad con ayuda del arcángel Uriel, que estará contigo en cada etapa del camino mostrándote la dirección adecuada que debes tomar. Te infundirá valor para dar el primer paso hacia la realización de tu sueño y seguir persiguiéndolo con actitud positiva.

A veces, cuando se te presentan varias opciones, cuesta ver cuál es la que más te conviene. De nuevo, el arcángel Uriel puede ayudarte, guiándote hacia la opción que vaya a tener en tu vida el resultado más positivo. En la vida a veces llegas a encrucijadas en las que te encuentras con dos caminos distintos, o más, y no sabes qué opción elegir. Quizá todas las rutas parezcan buenas y puede que te preocupe hacia dónde ir. Te pones a dar muchas vueltas a los pros y los contras de los distintos caminos posibles. Piensas en las oportunidades potenciales que perderás si tomas el camino equivocado, y esto puede agudizar aún más la preocupación y generarte un angustioso caos mental.

El arcángel Uriel puede aportar paz a las mentes inquietas y confusas, y arrojar claridad a la situación, mostrando así una dirección clara de progreso.

El arcángel Uriel cuenta con la sabiduría para saber qué es lo que más te conviene y es capaz de ver la situación desde otra perspectiva. Puede ver todos los puntos de vista y los resultados que se derivarían de tomar las distintas rutas, y sabe qué es lo que te hará más feliz y lo que repercutirá en tu vida más profundamente. Te indicará cuál es la dirección más segura y adecuada, un camino que te reportará una felicidad y una satisfacción inmensas. Si te encuentras con varias opciones, imagínate a un gran ángel frente a ti y envíale tu amor, y acto seguido pregúntale cuál es el camino correcto. Será el arcángel Uriel y te guiará hacia el mejor sendero por el que avanzar. Tú, a tu vez, piensa en cada una de las opciones y percibe cómo reacciona a ellas tu plexo solar. El arcángel Uriel te guiará provocándote una sensación realmente agradable a una opción concreta, que de manera instintiva sabrás que es la adecuada para ti. Haz cambios en tu vida con la seguridad de que con la ayuda de los ángeles has tomado la decisión adecuada y tienes el valor para dejarte aconsejar por el arcángel Uriel.

Otra cosa que puedes hacer es tener un cuaderno a mano, porque puede que recibas mensajes en forma de pensamientos acerca de por qué determinada opción te conviene o por qué no es tan buena idea. Confía en los ángeles y te encontrarás en la senda del éxito y la felicidad.

La meditación en el arcángel Uriel te traerá su gran amor y poder, que te guiarán para que tomes la mejor decisión y garantizarán que sigas la ruta más beneficiosa.

Si tu vida necesita un cambio radical porque te sientes atascado en una situación aparentemente sin salida, intenta hacer la meditación de este capítulo y hallarás inspiración para probar cosas nuevas que traigan consigo un camino vital positivo y más feliz, uno que te convenga, aportándote una plenitud y una dicha que igual en su momento te habían parecido imposibles. Asimismo, el arcángel Uriel te proporcionará el valor para dar los pasos necesarios, a fin de lograr este nuevo estilo de vida, y colaborando con él pronto descubrirás que tu vida se vuelve plena ¡y muy emocionante! Esto es lo que realmente pasa cuando colaboras con los ángeles. Descubrirás que el poder angelical puede llevar a los más sorprendentes resultados, que nunca son aburridos; antes bien, ¡siempre emocionantes!

Yo hago la meditación de este capítulo cuando tengo la sensación de haber perdido el norte y no estoy avanzando nada hacia la consecución de mis objetivos vitales. Siempre me ayuda a dar un gran salto y colocarme en una senda positiva. Si tengo un objetivo concreto que quiero alcanzar pero no sé por dónde empezar, practico esta meditación para que me dé valor e inspiración para avanzar.

Algunas veces puede dar miedo hacer un gran cambio vital y dar los primeros pasos hacia la consecución de tus sueños, pero la meditación en el arcángel Uriel contribuirá a darte valor y determinación para encaminarte hacia la felicidad, el éxito y la prosperidad.

Necesitas tener una idea muy clara de cuáles son tus sueños para poder hacerlos realidad. En ocasiones tenemos una idea muy vaga de lo que nos gustaría estar haciendo, pero para que los sueños se hagan realidad tienes que concentrarte claramente en ellos. En el día a día, mantén pensamientos positivos acerca de lo que te gustaría conseguir y, con la ayuda del arcángel Uriel, pronto estarás en el camino hacia la materialización de tu sueño. Para esta meditación, ten una idea o una imagen clara en la cabeza que lo simbolice, y enfoca hacia ella la luz del arcángel Uriel.

ORACIÓN AL ARCÁNGEL URIEL

Queridísimo arcángel Uriel, indícame el camino vital adecuado, uno que me levante el ánimo e inspire mi espíritu. Ilumina mi vida y mis sueños con tu luz. Da un rumbo a lo que carezca de él y respuestas a mis preguntas.

MEDITACIÓN EN EL ARCÁNGEL URIEL PARA ENCONTRAR UN RUMBO EN LA VIDA

Prepárate y siéntate cómodamente frente a tu altar, y respira hondo unos instantes. Enciende tu vela y concéntrate en la llama, recordando que simboliza la chispa divina que hay en ti. Luego reza la oración al arcángel Uriel y realiza el ejercicio de relajación como se detalla en el capítulo 2. Cierra los ojos e imagínate que estás en tu templo interior, donde tu ángel de la guarda te da la bienvenida con amor y afecto, y se sitúa junto a ti dispuesto a brindarte su ayuda y su apoyo.

Contempla ante ti a un hermoso ángel bañado en una preciosa luz verde y dorada que emana de él y te envuelve. La luz verde purifica la monotonía y la negatividad que tanto oprimen tu espíritu, y la luz dorada te trae inspiración y sabiduría para encarrilarte. Este nuevo sendero llevará a tu vida la mayor de las felicidades y las dichas. Percibe cómo la gloriosa luz dorada de Uriel llena todas las células de tu ser, aportando nuevas ideas para un nuevo estilo de vida. Te sientes en paz contigo mismo y sabes que a partir de ahora tu vida será plena y tendrás el gozo de sentirte vivo. La sabiduría de Uriel te permite tomar las decisiones correctas para desencadenar un cambio positivo y la consecución de tus preciadísimos sueños. Siente cómo esta luz dorada ilumina la totalidad de tu ser y toma conciencia de que todo está bien en tu vida.

Si hay un sueño concreto que deseas fomentar, ilumina la imagen que lo simboliza con la luz dorada del arcángel Uriel o retén en la mente la idea clara del sueño al tiempo que te bañas en la luz dorada del arcángel.

Permanece en la luz de Uriel mientras puedas y luego devuelve la conciencia a tu entorno real. Haz varias inspiraciones profundas y a continuación cierra los chakras como se detalla en el capítulo 2. Bebe un poco de agua para anclarte completamente. Dale las gracias al arcángel Uriel por ayudarte en estos momentos de tu vida y envíale tu amor irradiando un rayo de luz de color rosa desde el corazón o pronunciando las palabras: «Mi amor sea contigo, querido arcángel Uriel», lo que te resulte más cómodo.

Ten a mano un cuaderno y un bolígrafo para anotar cualquier idea que te asalte, porque seguro que se te ocurrirán ideas sobre cómo puedes mejorar tu vida y conseguir esos objetivos vitales escurridizos. Si se te plantean diversas opciones de rumbo, piensa en cada una de ellas. Al llegar a la más conveniente te invadirá una sensación de alegría, o un rumbo te convencerá más que los otros. Esto puede pasar justo después de la meditación o en el transcurso de los próximos días. Sé consciente de tus sentimientos y anota cualquier idea. Ten presente que el arcángel Uriel y tu ángel de la guarda están a tu lado apoyándote cuando emprendes cambios en tu vida. Tal vez necesites practicar esta meditación varias veces antes de que te sobrevengan ideas precisas, pero no tires la toalla, porque el poder angelical nunca te fallará. ¡Debes saber que te esperan momentos emocionantes!

Repite la meditación hasta que percibas que estás en camino de alcanzar tus objetivos, después practica la meditación en el arcángel Gabriel del siguiente capítulo. El arcángel Gabriel es el ángel al que debes pedir ayuda cuando experimentas un cambio abismal en tu vida. Su amor y su energía garantizarán que todo salga bien y positivamente. Junto con el arcángel Uriel, te acompañará en tu viaje para darte su amor y su apoyo mientras avanzas hacia la culminación de tus sueños.

Capítulo 22
ARCÁNGEL GABRIEL:
HACER CON FACILIDAD GRANDES CAMBIOS VITALES

Incluso con ayuda de los ángeles, puede ser desalentador hacer grandes cambios en tu vida, porque pueden angustiarte las dudas y los recelos sobre si estarás haciendo lo correcto. En esos momentos puedes ser especialmente vulnerable y estar expuesto a situaciones negativas, pero pedir consejo y ayuda al arcángel Gabriel te ayudará enormemente a encarar los cambios que debes hacer y te protegerá de cualquier influencia negativa. Su amor y su poder pueden contribuir a que las cosas fluyan, y ayudarte a estar tranquilo y tener fuerzas para afrontar el período de transición.

Si has estado practicando la meditación del capítulo 21 en el arcángel Uriel para encontrar un rumbo vital y ya estás preparado para hacer grandes cambios en tu vida, pero necesitas valor para poner en práctica tus ideas, entonces el arcángel Gabriel es el ángel al que debes acudir para que te eche una mano durante tu viaje.

Los grandes cambios pueden ser muy positivos y emocionantes, pero aun así es conveniente recurrir al poder de los ángeles para que ejerzan su influencia positiva sobre la situación.

Tal vez ese cambio vital sea muy desafiante y te inquiete un poco, porque no sabes muy bien qué te deparará el futuro. Puede que se trate de un nuevo empleo, de mudarse de barrio, de tener un bebé o de poner fin a una relación que ya no te hace feliz. Sea el cambio que sea, los ángeles estarán a tu lado alentándote y guiándote, y te darán su amor para ayudarte a adaptarte a tu nueva situación.

Los grandes cambios pueden ser muy estresantes, pero el arcángel Gabriel te rodeará con su amor protector y se asegurará de que en tu vida todos los cambios se produzcan sin contratiempos. Cuando Gabriel se implica activamente en tu vida, no debes preocuparte por los resultados de los cambios. Su amor y su energía te protegerán y garantizarán que tomes las decisiones correctas; los cambios que hagas serán emocionantes y provechosos, y te traerán suerte y todo lo que anhelabas.

Los cambios vitales pueden también acarrear cambios en tus relaciones, porque es posible que la gente reaccione cuando los amigos o familiares hacen grandes cambios en sus vidas. Normalmente, los amigos o los parientes se muestran muy positivos y comprensivos, pero en ocasiones se sienten muy amenazados y entonces reaccionan de forma negativa. El arcángel Gabriel está siempre a tu lado si sintonizas con él, y te ayudará a afrontar esas situaciones. Los cambios en tu vida pueden ser muy aterradores para otros que quizá sientan amenazado su propio estilo de vida. El arcángel Gabriel te dará sabiduría para sanar estos sentimientos negativos ajenos, así como el valor para expresar tu alegría por los cambios que estás haciendo. Si alguien reacciona negativamente, limítate a envolverlo en la luz del arcángel Gabriel ¡y te sorprenderá la rapidez con que su reacción se convierte en apoyo positivo!

La siguiente meditación en el arcángel Gabriel te ayudará cada vez que se produzca un gran cambio en tu vida.

ORACIÓN AL ARCÁNGEL GABRIEL

Queridísimo arcángel Gabriel, deja, por favor, que tu energía y tu fuerza me guíen en este momento y me protejan de las influencias negativas. Con tu ayuda sé que será una época emocionante y positiva, sin estrés ni dificultades.

MEDITACIÓN EN EL ARCÁNGEL GABRIEL PARA FACILITAR LOS GRANDES CAMBIOS

Prepárate sentándote frente a tu altar y enciende tu vela. La llama simboliza la chispa divina interior que te da valor y fuerzas para amoldarte a esta época de transición en tu vida. Haz el ejercicio de relajación como se detalla en el capítulo 2. Reza la oración al arcángel Gabriel y luego imagínate que estás en tu templo interior. Toma conciencia de que tu ángel de la guarda está a tu lado, ofreciéndote todo el amor y el apoyo que necesitas.

Ante ti se halla el arcángel Gabriel rodeado de una hermosa y radiante luz dorada. Siente cómo esta luz te envuelve en una reconfortante aura de amor y energía protectora. Toma conciencia de que todo irá bien y de que te adaptarás a esta importante transición vital con suma facilidad. El arcángel Gabriel te protegerá y te apoyará durante esta etapa. Permanece en su luz dorada y siente que su amorosa energía penetra en cada célula de tu ser. Todo está bien en tu vida y los cambios madurarán sin problemas ni estrés.

Retén esta sensación mientras estés cómodo y luego vuelve a tu entorno real. Cierra los chakras como se detalla en el capítulo 2 y bebe un poco de agua. Lo ideal es hacer esta meditación por lo menos una vez a la semana hasta que tengas la sensación de haber sobrevivido al cambio y de que te has amoldado a tu nuevo estilo de vida.

El amor y la energía del arcángel Gabriel te guiarán hacia un estilo de vida positivo y próspero, y te aportarán una felicidad y una satisfacción enormes. Te parecerá que la vida merece la pena y es emocionante, y los ángeles te traerán la consecución de tus sueños más preciados.

Capítulo 23

ARCÁNGEL GABRIEL:
SANAR LA ANSIEDAD

La ansiedad es una enfermedad muy debilitante y está estrechamente relacionada con la depresión. Al igual que esta, la ansiedad afecta de lleno a tu vida y te impide hacer muchas de las cosas que te procuraban placer y alegría. La ansiedad incide en todos los ámbitos de tu vida y puede asaltarte por diversas razones. Una vez que se apodera de ti, es muy difícil deshacerse de ella. Puede dificultar la realización de tareas cotidianas, porque el miedo te atenaza el estómago, convirtiendo en un tremendo esfuerzo hasta la tarea más sencilla.

Como se detallará en el capítulo 28, el arcángel Jophiel sana la depresión en gran medida, y el arcángel Gabriel puede traer la fuerza divina para contribuir a aliviar el paralizador asedio de la ansiedad. Si padeces ansiedad, deberías pedir siempre consejo médico, ya que hay toda una serie de medicamentos que pueden recetarse y son muy eficaces para esta dolencia.

La sanación del arcángel Gabriel va de la mano de la medicación para aportar una solución al problema que parece haberse apoderado de tu vida. El mero hecho de sobrevivir a la jornada es un esfuerzo, pero la luz sanadora de Gabriel se abrirá paso entre la penumbra que te domina y te traerá una sanación gradual. Con ansiedad, en lugar de abordar el reto que supone cada nuevo día, te sientes incapaz de afrontar nada y la jornada se convierte en un suplicio. El objetivo del día no es un: «A ver qué consigo», sino un: «A ver cómo sobrevivo». Es una situación que no beneficia a nadie y puede causar mucho estrés en tus relaciones.

La ansiedad es una enfermedad devoradora de la que es muy difícil salir sin ayuda. Una vez que se apodera de ti, el más mínimo problema se convierte en una montaña y genera más ansiedad. La ansiedad se retroalimenta, pero el poder del arcángel Gabriel te dará fuerzas para liberarte de sus garras y valor para hacer frente a tus quehaceres y problemas. Cuando sufres ansiedad, lo que antes te encantaba y te hacía disfrutar ya no lo hace. Es más: la idea de hacer esas cosas genera su propia ansiedad, pero el arcángel Gabriel puede sanar estos sentimientos negativos y devolverte el placer del que antes disfrutabas. La energía del arcángel Gabriel es la fuerza divina, y puede sanar y dar otra dimensión a todos los problemas que te producen ansiedad. La meditación en Gabriel llevará a tu alma su profunda sabiduría y serás capaz de sortear los problemas, sanando así la ansiedad que crean.

Cuando la ansiedad se apodera de ti, sueles visualizar el futuro plagado de horrores inimaginables en los que tus peores miedos se hacen realidad. Pero es imposible saber qué te deparará el futuro. Centrarse en el día a día contribuirá a controlar esos pensamientos, y con ayuda del arcángel Gabriel y de tu ángel de la guarda podrás dar un giro a esos temores y aspirar a un futuro emocionante. Tu futuro depende de los pensamientos y acciones del momento actual, por eso es importante que esos pensamientos sean sanos y positivos.

El amor y la luz de Gabriel llevarán la sanación a tus pensamientos y temores, y la toma de conciencia de que el futuro no tiene por qué ser como te imaginas. Puedes hacer algo positivo al respecto con ayuda de Gabriel. Los ángeles nunca te defraudarán, sino que te mantendrán a flote en los momentos difíciles, llevándote hacia un desenlace positivo. No temas, porque con los ángeles a tu lado todo estará bien en tu vida. Los ángeles están siempre contigo, velando por ti y ayudándote a conducirte por un camino positivo y adecuado. Tus peores pesadillas no tienen fundamento real, ya que no son más que un producto de tu imaginación, y con los ángeles a tu lado no tienes nada que temer. Recibes amor y respeto de una energía todopoderosa que tiene la facultad de sacar lo positivo de cualquier situación negativa en la que actualmente te encuentres.

Dar con la causa de tu ansiedad es muy útil, porque sabiendo la causa ya habrás sanado media situación. El dinero preocupa seriamente a mucha gente, y los problemas económicos pueden generar mucho estrés en el sistema nervioso. Atrayendo a tu vida el poder sanador de Gabriel, hallarás inspiración y valor para tomar cualquier medida necesaria para solucionar los problemas a los que te enfrentas. Es realmente asombroso lo que puede llegar a pasar cuando el arcángel Gabriel trae a tu vida su poder sanador. ¡Se producen verdaderos milagros!

La meditación en Gabriel de este capítulo te animará a liberarte de la ansiedad atroz que impide que la inspiración y la alegría formen parte de tu vida. En cuanto la ansiedad esté bajo control, no habrá impedimento alguno para que adoptes una actitud más positiva, que conllevará su propia sanación, permitiéndote actuar positivamente y tener, de nuevo, una vida plena y dichosa.

La sanación de la ansiedad que hace Gabriel es verdaderamente mágica. Es un portador de inspiración y alegría, y descubrirás que ahora vuelves a disfrutar de todas esas cosas con las que en el pasado disfrutabas. La sanación angelical te ayudará a vivir una vida verdaderamente edificante, con la energía y el amor de Gabriel acompañándote siempre. Nunca te dejará si lo necesitas, estará siempre ahí levantándote el ánimo, y dándote esperanzas y la certeza de que todo estará bien en tu vida. El arcángel Gabriel sabe el sufrimiento que conlleva la ansiedad, y ni mucho menos te juzga. Su único objetivo es sanar y devolver la felicidad al alma extenuada, cosa que hace de las formas más misteriosas.

Cuando sufres ansiedad aguda, puedes llegar a sentirte muy solo, porque es una dolencia compleja como para irla aireando. Los que no la padecen no entienden lo debilitante que es esta enfermedad. Pero el arcángel Gabriel sí lo entiende y sabe que es algo de lo que no puedes desprenderte sin más. Es agradable saber que a tu lado está este ángel, que entiende perfectamente tu situación y te brinda su amor a modo de bálsamo sanador para tu enfermedad. La sanación tendrá lugar cuando te unas activamente a Gabriel en la meditación para sanar y elevar tu alma. Su sanación será múltiple, porque sanará tu alma profundamente, allí donde reside el germen de la enfermedad. Asimismo sanará tu cuerpo mental, donde los pensamientos de naturaleza negativa dan vueltas y más vueltas, alimentando la ansiedad. Su toque amoroso también sanará tu cuerpo emocional, que alberga todo el miedo asociado a la ansiedad, y te proporcionará coraje y fuerzas para aceptar las cosas y obtener comprensión e inspiración para afrontarlas.

Los milagros se producen cuando buscas activamente la sanación de los ángeles, y Gabriel traerá magia y milagros a tu vida, que devolverán la alegría y la felicidad a tu alma. Practica a diario la siguiente meditación en Gabriel y poco a poco la ansiedad desaparecerá, y su lugar lo ocupará una renovada actitud positiva.

Sabrás que el futuro no te deparará más que inspiración y dicha, porque nada puede ir mal cuando te sostiene el amor angelical.

ORACIÓN AL ARCÁNGEL GABRIEL

Queridísimo arcángel Gabriel, agradezco la energía sanadora que recibo en mi lucha contra la ansiedad. Tu amor e inspiración me alientan y me guían en la penumbra hacia una vida dichosa y plena.

MEDITACIÓN EN EL ARCÁNGEL GABRIEL PARA SANAR LA ANSIEDAD

Siéntate frente a tu altar angelical con la espalda recta y procura estar calentito y a gusto. Enciende tu vela para tener presente la luz que brilla en tu interior y es la chispa divina. Reza la oración al arcángel Gabriel para focalizar la mente en la tarea que te dispones a llevar a cabo. Inspira hondo varias veces para serenarte y después haz el ejercicio de relajación como se detalla en el capítulo 2. Cuando estés del todo relajado, imagínate en tu templo interior. Dedica unos instantes a contemplar lo que te rodea y visualízate plenamente allí. Tu ángel de la guarda te recibe con los brazos abiertos, te envuelve en una hermosa luz dorada y se coloca detrás de ti con las manos sobre tus hombros para darte apoyo durante la meditación.

Contempla ante ti a un ángel soberbio bañado en una suave luz dorada. Es el arcángel Gabriel, que te ofrece todo su amor. Siente la luz que emana de él y te envuelve en su energía. Siente cómo esta luz maravillosa apacigua tus miedos y ansiedades, y sustituye esos sentimientos negativos por la alegría y el valor. Debes saber que en tu vida todo estará bien y que nada puede torcerse, porque los ángeles velan por ti las veinticuatro horas del día. Al darte cuenta de esto te invade la felicidad, que inunda todo tu ser —mente, cuerpo y alma— y trae una sanación profunda a tus emociones magulladas. Gabriel sigue inundándote con su luz dorada, una luz que sana y levanta el ánimo y procura inspiración. Sabes que en lo sucesivo cada día será un día de felicidad y valor, y que tu ansiedad y tus miedos se fundirán bajo la luz de Gabriel.

Permanece en la luz dorada de Gabriel mientras estés cómodo, a continuación devuelve la conciencia a tu entorno real. Da las gracias al arcángel por sanarte mente, cuerpo y alma. Inspira hondo unas cuantas veces y luego cierra los chakras como se detalla en el capítulo 2. Bebe un poco de agua para anclarte aún más, ¡y no te olvides de apagar la vela!

La sanación de Gabriel continuará mucho después de que haya terminado la meditación, y cada día te sentirás un poco más confiado, un poco más en paz contigo mismo y con tu vida. Practica esta meditación a diario hasta que sientas que tus angustias y tus miedos son cosa del pasado, y que se ha producido una sanación completa. Es un alivio afrontar el futuro con fuerza en lugar de temer lo que te deparará. Ahora estás feliz y te sientes capaz de hacer frente a todos los desafíos de la vida con un corazón alegre, sabiendo que el arcángel Gabriel jamás te abandonará y que siempre estará ahí con su amor y sanación.

Capítulo 24

ARCÁNGEL CHAMUEL:
AYUDA A LO LARGO
DEL CAMINO ESPIRITUAL

Tal vez hayas llegado a un momento en la vida en que busques algún sentido más allá del mundo materialista del día a día. Hay muchos caminos para descubrir la chispa divina que hay en ti y muchas maneras de colaborar con lo divino. Puede que sea difícil saber cuál es el correcto, pero deberías seguir siempre lo que dicte el corazón y hacer lo que te parezca oportuno. Una vez en el sendero espiritual, habrá muchas distracciones y muchos atajos engañosos por los que ir, ya que el ego se sentirá amenazado, pero la colaboración con los ángeles te guiará siempre por un camino hermoso y auténtico adecuado para ti. Cada persona es un mundo y tiene distintas necesidades, y eso incluye las espirituales. No hay que olvidar que «todos los caminos llevan a Dios»; por eso la intolerancia religiosa es tan absurda.

La búsqueda espiritual puede ser complicada en ocasiones, pero el arcángel Chamuel te guiará para que encuentres las respuestas adecuadas a tus preguntas y te llevará a un estado de comprensión y profunda paz. Si estás confuso o dudas del sendero espiritual concreto que has tomado, pídele a Chamuel que te guíe realizando la sencilla meditación de este capítulo. Pronto tendrás respuestas a tus preguntas, y la confusión se convertirá en un hondo convencimiento de que estás en el camino correcto.

Hallar la chispa divina interior es el único fin de nuestras vidas y los ángeles están siempre a nuestro lado, ayudándonos en esta búsqueda. Es la búsqueda del Santo Grial, y los ángeles son nuestros guías y ayudantes. El arcángel Chamuel estará a tu lado en cuanto persigas ávidamente la iluminación espiritual y busques esa chispa interior. Chamuel te guiará y llevará hasta el camino que mejor se adapte a tus necesidades, y estará siempre a tu lado susurrándote palabras de aliento e inspiración. A lo largo de ese camino espiritual suele haber momentos de confusión en que no sabes si estás haciendo lo correcto o no. El arcángel Chamuel te levantará el ánimo en esos momentos, y te aportará confianza en ti mismo y la certeza de que todo está bien y de que estás en el sendero adecuado, porque los ángeles te guían.

Cuando emprendes un camino espiritual es posible que te surjan muchas preguntas y Chamuel estará ahí con las respuestas. Ten siempre un cuaderno y un bolígrafo a mano, ya que el arcángel puede traerte las respuestas en cualquier momento, a veces cuando menos te lo esperas. La siguiente meditación traerá la sabiduría de Chamuel a tu corazón y tu mente, y llevará respuestas donde hay confusión y preguntas.

ORACIÓN AL ARCÁNGEL CHAMUEL

Queridísimo arcángel Chamuel, sabes que el camino espiritual tiene muchos escollos. Te pedimos amor y orientación para proseguir nuestro viaje y rezamos para que tu sabiduría nos guíe. Agradecemos esta orientación y somos conscientes de que tu amor despeja nuestra visibilidad mientras recorremos el sendero elegido.

MEDITACIÓN EN EL ARCÁNGEL CHAMUEL PARA OBTENER AYUDA ESPIRITUAL

Esta meditación es importante porque te ofrecerá mayor visibilidad y te traerá muchas ideas y respuestas a preguntas que quizá te hagas acerca de tu camino espiritual. Chamuel guía a todos aquellos que ponen su empeño en buscar la iluminación espiritual, y su amor y su sabiduría te guiarán todos los días de tu vida.

Siéntate cómodamente, ya sea en una silla o en el suelo, con la espalda recta frente a tu altar, y enciende tu vela. Concéntrate unos instantes en la llama, teniendo presente que simboliza la llama divina del centro de tu corazón. El objetivo de esta meditación es que esta pequeña chispa crezca e inunde toda tu vida y tu ser de amor divino y sabiduría.

Relájate como se detalla en el capítulo 2 y luego reza la oración al arcángel Chamuel. Imagínate que estás en tu templo con tu ángel de la guarda al lado, ayudándote e inspirándote. Delante se encuentra el arcángel Chamuel rodeado de una gloriosa luz blanca. Retén esta imagen y siente cómo la luz inunda todo tu ser. No tienes que pensar en nada; simplemente envuélvete en la hermosa luz y toma conciencia de que la orientación divina se asegurará de que tus preguntas obtengan respuesta. La luz pura y blanca del arcángel Chamuel te hace sentir muy feliz y lleno de energía, porque sabes que estás en el camino adecuado que conduce a la plenitud y la iluminación.

Cuando estés preparado, devuelve la atención a tu entorno real y dale las gracias al arcángel por su ayuda y su guía. Cierra los chakras como se detalla en el capítulo 2 y bebe un poco de agua para anclarte aún más. Durante los próximos días recibirás muchas ideas y respuestas a problemas que han sido objeto de tu inquietud. Si has tenido dudas sobre el camino a elegir, estas se aclararán y sentirás una nueva confianza en el sendero elegido.

Capítulo 25

ARCÁNGEL CHAMUEL:
ATRAER ABUNDANCIA Y PROSPERIDAD

Una de las mayores áreas de confusión del camino espiritual es la cuestión de la prosperidad y el dinero. Es uno de los temas más delicados y puede producir la mayor de las angustias. Muchas personas no son capaces de armonizar la espiritualidad con la riqueza y la prosperidad, y se atormentan y sufren un montón tratando de conciliar las dos cosas. Ser rico y exitoso suele considerarse poco espiritual y un lastre para la vida espiritual. Estas creencias pueden crear carencias vitales.

Los ángeles están más que dispuestos a ayudar en caso de problemas económicos, y colaborar con ellos puede traer abundancia y prosperidad a tu vida. El arcángel Chamuel en particular ayudará en los casos de confusión e ideas erróneas acerca de la prosperidad. El estado de tu economía dependerá de tus creencias sobre el dinero. Si crees que por alguna razón no mereces prosperidad o que no puedes tener dinero porque quieres ser una persona «espiritual», tendrás una vida llena de carencias.

Lo cierto es que yo conozco muy bien esa sensación. Me ha costado mucho llevar una vida «espiritual» y conciliarlo con la necesidad económica. Me he creado carencias vitales y solo con ayuda de los ángeles, que me han llevado a un estado de comprensión, he sido capaz de mantenerme adecuadamente. Todo el mundo está en su derecho de tener un tejado bajo el que cobijarse, no pasar hambre, tener ropa de abrigo y suficiente dinero que le provea de calefacción y comodidades cuando sea necesario. No olvides que la gente que sigue el camino espiritual, como las monjas o los monjes, tienen cubiertas todas las necesidades materiales, incluso un lugar seguro en el que vivir, comida y ropa. Es posible que hayan renunciado a la vida material y se hayan apartado del mundo, pero siguen teniendo sus necesidades cubiertas.

No hay nada de malo en disfrutar de todas las cosas hermosas que el mundo puede ofrecer y en prosperar. Pero si te da envidia el gran lujo o codicias la suerte y las posesiones ajenas, necesitarás la ayuda de los ángeles para que te aporten paz y aceptación. El dinero en sí no es malo; es el ansia de dinero y estar dispuesto a lo que sea para conseguirlo lo que hace tanto daño al alma. Los ricos no son ni mucho menos unos pecadores, pero si los tachas de poco espirituales, tienes escasas probabilidades de ser tú mismo rico algún día. Los ricos pueden ser personas muy espirituales que hacen maravillas con su riqueza. Todos tenemos derecho a disfrutar de las cosas buenas de la vida, pero puede asaltarnos la culpa al pensar en la cantidad de gente en el mundo que vive en condiciones de extrema pobreza. Nadie debería sentirse culpable por ser rico. El mundo es fecundo y el deseo de los ángeles es que todos prosperemos.

Si tienes un problema con el dinero, necesitas eliminar las creencias de raíz y averiguar de dónde vienen. Tal vez tus padres fuesen pobres y te criaras en un ambiente de carestía, en cuyo caso es muy posible que creas que no mereces prosperar. Si tus padres envidiaban a los ricos, es muy posible que creas que prosperar de algún modo es malo y no una senda por la que quieras ir. Quizá no seas consciente de tener esas creencias, porque están ocultas en lo más profundo de tu ser y no saltan a la vista, y necesitarás esforzarte un poco para realmente eliminarlas. Es aquí donde el arcángel Chamuel puede ser tan útil, ya que su poder es capaz de resolver con soltura estos problemas y guiarte hacia un camino de prosperidad y abundancia. La meditación en él que hay en este capítulo contribuirá a sanar estas creencias negativas y te traerá la prosperidad que tanto mereces y a la que tienes derecho como criatura del universo.

Ser rico no significa necesariamente tener mucho dinero. Se puede nadar en la abundancia de muchas maneras. Una vida rica en felicidad y plenitud es una vida fecunda. Si tienes un montón de amigos y una familia comprensiva, está claro que en muchos sentidos eres rico. A menudo queremos más y no valoramos lo que tenemos. El arcángel Chamuel contribuirá a sanar estas ideas erróneas y aportará al alma una paz profunda y agradecimiento por la riqueza que hay en nuestras vidas.

ORACIÓN AL ARCÁNGEL CHAMUEL

Queridísimo arcángel Chamuel, ayúdanos a entender que el mundo es un lugar fecundo y próspero, y que nuestro plan divino no contempla ningún tipo de carencia. Levanta el velo de confusión de nuestros ojos y ayúdanos a disfrutar de toda la abundancia y la riqueza que ofrece el mundo.

MEDITACIÓN EN EL ARCÁNGEL CHAMUEL PARA ATRAER ABUNDANCIA Y PROSPERIDAD

Siéntate cómodamente frente a tu altar y enciende la llama de la vela como recordatorio de la pequeña chispa divina que llevas dentro. Procura tener la espalda recta y estar calentito y a gusto. Reza a Chamuel la oración de la prosperidad y luego haz el ejercicio de relajación como se describe en el capítulo 2. Imagínate que estás en tu templo, con tu ángel de la guarda al lado ayudándote y apoyándote.

Contempla ante ti al glorioso arcángel Chamuel, irradiando una hermosa luz dorada que te envuelve y penetra en todo tu ser. Toma conciencia de que la prosperidad y la abundancia son un derecho de todos los niños del universo, y toma conciencia de que de ahora en adelante creerás en un mundo próspero y fecundo. Ten presente que tienes derecho a una porción de esta abundancia y que tu riqueza se multiplicará por cien. Siente cómo la gloriosa luz de Chamuel penetra profundamente en tu alma, donde las creencias negativas yacen sin identificar y tanto perjudican a tu prosperidad. Toma conciencia de que estas creencias negativas se desvanecen bajo la luz del arcángel Chamuel y de que a partir de ahora todo estará bien en tu vida. La prosperidad y la abundancia te pertenecerán y tu vida será más feliz y más completa.

Retén esta sensación envuelto en la luz dorada de Chamuel mientras te resulte agradable y luego devuelve la atención a tu entorno real. Te sientes tremendamente lleno de energía y feliz, y el tema del dinero ya no te turba. Sabes que puedes mantenerte con suma facilidad y que la riqueza afluirá a tu vida. Creer estas cosas es clave para solucionar el problema de la pobreza o la carestía. Haz esta meditación todos los días y no tardarás en notar un cambio en tu economía.

Asimismo, prueba con unas cuantas afirmaciones positivas, porque intensificarán tus esfuerzos para llevar una vida próspera. Aquí tienes varias posibilidades:

El mundo es un lugar fecundo,
y merezco toda la abundancia que puede ofrecer.

Estoy feliz y a gusto en la prosperidad.

Atraigo sin problemas la abundancia y la prosperidad.

Capítulo 26

ARCÁNGEL JOPHIEL:
ENCONTRAR INSPIRACIÓN CREATIVA

Cuando careces de inspiración creativa, la vida puede ser bastante monótona. La belleza es un ingrediente importante que puede levantarte el ánimo y darle a tu existencia otra dimensión. Tal vez tengas la sensación de que en tu vida no hay belleza y de que el lugar donde vives no es bonito, pero, si prestas atención, verás que hay mucha belleza natural a tu alrededor. Puedes tener plantas con flor dentro de casa para darle un toque de belleza al ambiente. El cielo siempre es bonito, si te paras a mirarlo.

Quizá te parezca que lo que te rodea no tiene ningún atractivo, pero puedes contribuir enormemente a que sea estimulante. Rodéate de cualquier clase de belleza. Haz fotos de cosas que te atraigan o recorta imágenes que encuentres bonitas e inspiradoras, y engánchalas en algún sitio donde puedas verlas a menudo. Si puedes permitírtelo, date el gusto de comprarte un ramo de flores o telas bonitas para alegrar la casa.

Todo el mundo debería experimentar algún tipo de belleza y creatividad en su vida. Si no es tu caso, tienes que sintonizar con el arcángel Jophiel, ya que es el ángel del arte y la belleza. La meditación en Jophiel llevará inspiración a tu corazón y tu mente, ya seas una persona creativa que padece un bloqueo o alguien que desea explorar talentos creativos latentes.

¡Deja que tu talento brille! El arcángel Jophiel te ayudará a tomar conciencia de tus talentos latentes y te llevará a un viaje de autodescubrimiento. Tal vez siempre hayas querido hacer algo concreto, pero nunca has tenido la confianza en ti mismo para desarrollarlo. La meditación en el arcángel Jophiel te ayudará a encontrar la confianza necesaria y te aportará un conocimiento más profundo de ti mismo. Encontrando la belleza interior, puedes crear esa belleza a tu alrededor. El arcángel Jophiel te ayudará a hallar la determinación y la habilidad para cultivar la afición y perseguir los sueños elegidos, y con ayuda de los ángeles, ¡quién sabe dónde te llevará eso!

Tal vez no sepas cuáles son tus talentos latentes, en cuyo caso la meditación en el arcángel Jophiel te traerá una comprensión y un conocimiento más hondo de tu persona y hará que aflore lo que está latente en ti. Llegará la inspiración. A lo mejor de pequeño te encantaba hacer algo, pero ahora no tienes tiempo para realizar esa actividad o te falta seguridad para ejercitarla. El arcángel Jophiel le dará ideas a tu mente y seguridad a tu corazón.

Quizá de pequeño tuvieras una afición fascinante que te apasionaba, llámese deporte, canto, música, pintura o costura. La lista es interminable, pero culminar los sueños frustrados puede producir un efecto sanador en todos los ámbitos de tu vida y hacer de ti una persona más completa.

El desarrollo de los talentos latentes puede ayudarte a solucionar diversos problemas vitales, ya que te sentirás más satisfecho y hasta puede que la vida se vuelva emocionante, confiriendo a tus días una nueva alegría. Un desarrollo así puede llevar sanación a tu vida donde había negatividad y, además, traer una felicidad y una dicha nuevas.

La meditación en el arcángel Jophiel te aportará una mayor conciencia de la belleza del mundo que te rodea, lo que en sí traerá, además, renovada alegría y felicidad a tu vida. Meditando en el arcángel Jophiel, llegarás al mismísimo centro de tu ser, tu espíritu interior, para el que no hay palabras de lo hermoso que es. Y haciendo esto regularmente, la belleza de tu espíritu empezará a reflejarse en tu vida cotidiana, lo que puede traer sorpresas, porque cuando trabajas con el espíritu interior pueden suceder cosas muy positivas.

La creación de cosas bellas tiene sus propias recompensas y puede crear armonía en tu vida de formas muy diversas. La meditación en el arcángel Jophiel dejará que tu belleza interior florezca, ya que la belleza externa no es tan importante como la interior, que aflora con esta meditación. Cuando esta belleza interior pueda colorear tu vida, notarás que cambias muy positivamente. Descubrirás cómo vivir tu vida con más armonía.

Estancarse en las facetas negativas de la vida puede ser perjudicial para el alma y dar lugar a una actitud negativa, haciendo que atraigas cosas negativas, pero centrándote en la belleza interior, la vida en sí adquirirá automáticamente un matiz hermoso, mesurado y más positivo. Tomarás conciencia de esos rasgos de tu carácter que quizá no sean tan bellos, pero la energía del arcángel Jophiel puede proporcionar una visión clara para corregir tal negatividad y sustituirla por pensamientos y acciones positivos.

Puedes hacer cosas bonitas en vez de comprarlas. Tendrán mucho más valor si son caseras. Apreciar toda la belleza natural que a diario te rodea traerá una inmensa dicha al alma. Aunque vivas en una ciudad, hay parques y árboles y jardines que procuran un gran placer. Disfruta de estas cosas y revitaliza tu alma sintonizando con la naturaleza. Eso le aportará belleza y armonía, lo que se reflejará en tu vida. Algo tan sencillo como sonreír puede incidir profundamente en el alma, y quién sabe, ¡puede que alguien te devuelva la sonrisa!

El arcángel Jophiel alimentará la belleza interior de tu espíritu y aportará a tu día a día una alegría y una felicidad inmensas. La práctica de la meditación en el arcángel Jophiel de este capítulo traerá grandes recompensas, porque todos tenemos belleza interior y talentos que aportar al mundo.

Practica a diario esta meditación y notarás que se producen maravillosos cambios dentro de ti. Tu vida adquirirá otro significado cuando Jophiel te revele talentos y dones latentes que puedes cultivar para crearte una vida más gratificante y hermosa.

El arcángel Jophiel tiene el poder de ver en lo más hondo de tu alma y de ver la auténtica belleza de tu ser. La meditación regular en él hará que esta aflore y forme parte de tu día a día, permitiéndote tener una vida mucho más feliz que será útil y provechosa no solo para ti, sino para todo el que conoces. Tus relaciones serán mucho más fáciles y felices atrayendo la belleza de Jophiel para que incida en tu trato con los demás. Contagiar felicidad y belleza es una de las cosas más importantes que puedes hacer, y puedes aplicar los beneficios del amor de Jophiel no solo a tu propia vida, sino a las vidas de los demás.

ORACIÓN AL ARCÁNGEL JOPHIEL

Queridísimo arcángel Jophiel, revélame la belleza de mi verdadero ser y ayúdame a descubrir los dones divinos a los que puedo recurrir en el día a día. Déjame ver la belleza que me rodea y ayúdame a apreciar lo positivo y valioso.

MEDITACIÓN EN EL ARCÁNGEL JOPHIEL PARA OBTENER INSPIRACIÓN CREATIVA

Siéntate cómodamente, ya sea en el suelo o en una silla, con la espalda recta frente a tu altar angelical. Enciende tu vela para tener presente la chispa divina que llevas dentro. Reza la oración a Jophiel para concentrarte en lo que deseas conseguir y luego haz el ejercicio de relajación como se detalla en el capítulo 2. Imagínate que estás en tu templo interior, donde tu ángel de la guarda te espera con los brazos abiertos y te envuelve en un rayo dorado de amor. Se coloca detrás de ti con las manos sobre tus hombros en señal de apoyo.

Imagínate ante ti a un ángel hermoso y soberbio bañado en luz de color rosa. Siente cómo esta preciosa luz rosa penetra en todo tu ser de tal modo que inunda tu cuerpo, mente y alma. Siente cómo la luz sana donde hay negatividad. Toma también conciencia de que actúa en tu ser interno para descubrir tus talentos latentes y la belleza natural de tu espíritu, y llevarlos a tu conciencia externa. Báñate en esta luz mientras te resulte agradable y sé consciente de que lleva felicidad e inspiración, y una gran belleza a tu vida.

Cuando estés preparado, devuelve la conciencia a tu templo y luego a tu entorno real. Inspira hondo varias veces y cierra los chakras como se detalla en el capítulo 2 para anclarte realmente. Bebe un poco de agua si lo deseas, ¡y no te olvides de apagar la vela!

Estate preparado para recibir ideas realmente buenas e inspiración a lo largo de los próximos días. Cuanto más practiques esta meditación, más belleza verdadera verás en tu vida. Ten el valor de actuar ante cualquier idea que te surja, porque es posible que te cambie la vida.

Capítulo 27

ARCÁNGEL JOPHIEL:
SANAR LA DEPRESIÓN

La depresión es una enfermedad muy seria que jamás debería pasar inadvertida, puesto que no solo te afecta a ti mismo, sino a todos los que te rodean. El arcángel Jophiel te traerá su inmenso amor para sanar tu alma si estás deprimido o hundido por algo, y la meditación regular en él te levantará el ánimo, sacándote de las tinieblas, y llevará de nuevo la alegría a tu corazón.

El arcángel Jophiel puede mitigar una depresión grave, porque es capaz de traspasar el grueso manto negro que parece envolverte cuando esta se apodera de ti. Puede traerte el calor y el vigor del sol para disipar esas nubes oscuras y despejar las tinieblas en las que tienes la sensación de estar sumiéndote.

La depresión es una enfermedad muy debilitante que puede repercutir en todos los ámbitos de tu vida. Puede incidir en tu trabajo alterando tu poder de concentración y comunicación, y además puede tener consecuencias dañinas para tus relaciones. A veces, cuando estás deprimido, no te apetece relacionarte con nadie. Has perdido la alegría de vivir y te sientes incapaz de realizar hasta las tareas más simples.

Cuando sucumbes a la depresión, cuesta mostrar entusiasmo por nada, sobre todo por la meditación, pero únicamente imaginarte que la gozosa luz dorada del arcángel Jophiel te envuelve en una comprensión amorosa puede producir unos resultados milagrosos. Si padeces una profunda depresión, consulta a un médico, ya que hay muchos medicamentos que pueden recetarse para paliar realmente la enfermedad. Si no quieres tomar antidepresivos, cuando te veas con ánimos quizá sea beneficioso practicar la meditación en Jophiel que hay en este capítulo. Si te visualizas envuelto en luz dorada, esta actuará sobre la disonancia interior que está causando la depresión.

La meditación tal vez sea un esfuerzo demasiado grande cuando tu estado de ánimo es profundamente depresivo, pero únicamente imaginar que te envuelve la cálida luz dorada del arcángel Jophiel contribuirá a levantar esa nube negra. Imagínate la luz como un sol glorioso que penetra en todos los rincones de tu ser. El poder de Jophiel irradiará el fondo de tu alma, donde yacen las semillas de la depresión, y la intensa luz traerá la sanación y un nuevo entusiasmo para que exprimas la vida al máximo.

Como enferma de depresión, puedo dar fe del energizante efecto de la luz de Jophiel, porque realmente traspasa esa gruesa nube oscura que parece envolverte cuando te hundes en una depresión. He descubierto que en esos momentos no puedo meditar, pero el mero hecho de procurar hacer el esfuerzo de imaginarme la luz dorada de Jophiel irradiando todo mi ser, cuerpo y alma, tiene un efecto muy sanador. Abre el camino para que se produzca una auténtica sanación, cosa que puede hacerse a través de la meditación en el arcángel Jophiel, ya que su intensa luz dorada puede iluminar los lugares más oscuros del alma y transformar las tinieblas en luz y alegría.

Conviene recordar que cuando la nube negra se sitúa encima de ti, los ángeles no te abandonan. Es más: están contigo en bloque para contribuir a animarte y sanarte, y traer a tu alma su alegre mensaje de amor. Es posible que en las garras de las tinieblas no seas consciente de la presencia angelical, pero el arcángel Jophiel está junto a ti, al igual que tu ángel de la guarda, y ambos actúan para levantar la nube de la depresión y llevar de nuevo la alegría y el entusiasmo a tu vida.

Las depresiones pueden venir motivadas por la pérdida de un ser querido o del empleo; situaciones muy difíciles de llevar. Pero el amor de los ángeles siempre te acompaña para traerte aceptación, esperanza y optimismo de cara al futuro. Debes saber que los ángeles están siempre a tu lado susurrándote palabras de aliento. Por complicada que sea la situación en que te encuentres, ten presente que el amor de los ángeles está ahí para ayudarte y guiarte. Colaborar con tu ángel de la guarda puede ser también realmente útil y gratificante cuando te enfrentas con un problema difícil.

La depresión es una enfermedad que puede padecer cualquiera en cualquier momento y sin ningún motivo aparente. Pero suele haber un problema subyacente que es el que la origina. El poder de Jophiel puede desvelar sus causas, lo que en sí puede ser muy sanador, porque entonces tienes la oportunidad de sanar la raíz de tu enfermedad. El trabajo diario con el arcángel Jophiel te iluminará para entender por qué te sientes como te sientes, y este te traerá todo su amor y su sabiduría para que lo apliques al problema. Jophiel te traerá toda su energía y su amor si intentas de verdad sanar esa causa originaria, y eso puede hacerse con tranquilidad y contundencia sabiendo que el poder sanador del ángel te llena de energía y te protege de las fuentes negativas. Ver la causa de la depresión con claridad debilitará su control sobre ti, y contar con el apoyo de Jophiel hará que tengas la sanación cada vez más cerca. Este arcángel estará contigo mientras analizas las causas de tu depresión y te ayudará a afrontar el problema.

Tal vez te sea útil describir por escrito las causas de tu depresión y redactar unas cuantas afirmaciones positivas para contrarrestarlas. Anotar las causas puede ser muy catártico, porque, de hecho, este proceso saca el problema de tu sistema. Desprenderse de las causas originarias de la depresión puede ser de gran ayuda. Di para tus adentros: «Me desprendo de todas las influencias negativas de mi vida». Trabajar con el arcángel Jophiel te ayudará a ver tu vida con más comprensión, y su amor te apoyará y te ayudará a combatir tus demonios. Recuerda que todos somos seres muy poderosos de poderosas mentes que, guiados por los ángeles, podemos sanar hasta la depresión más profunda.

Lleva un diario de la depresión y anota cómo te sientes día tras día. La sanación del arcángel Jophiel es muy intensa y deberías notar un cambio enseguida. Practica la meditación a diario si puedes y pronto descubrirás que vuelves a afrontar el día a día con alegría y entusiasmo. La actitud pesimista ante la vida se convertirá en un nuevo y emocionante optimismo ante el futuro, y las nubes oscuras cada vez te atacarán menos.

ORACIÓN AL ARCÁNGEL JOPHIEL

Queridísimo arcángel Jophiel, rezo para que tu luz sanadora ilumine las tinieblas que hay en mi interior y las transforme en luz, para que los estados depresivos no se apoderen de mí. Agradezco que tu poder sanador me eleve por encima de las nubes negras que limitan mi vida. Tu hermosa luz me lleva a un estado de sanación y dicha donde las tinieblas se han disipado.

MEDITACIÓN EN EL ARCÁNGEL JOPHIEL PARA SANAR LA DEPRESIÓN

Siéntate cómodamente frente a tu altar y enciende tu vela. Concéntrate en la llama unos instantes y ten presente que simboliza la llama de Dios que hay en tu espíritu. Esa pequeña llama interior produce un efecto muy sanador cuando se activa, y puede disipar la depresión y la tristeza. Haz varias inspiraciones profundas y luego realiza el ejercicio de relajación como se detalla en el capítulo 2. Reza la oración al arcángel Jophiel y a continuación imagínate que estás en tu templo interior con tu ángel de la guarda al lado, dándote amor y apoyo. Te sientes muy seguro y feliz en tu templo interior, y tu ángel te baña en una luz dorada para ayudarte en tu trabajo con el arcángel Jophiel.

Contempla ante ti a un hermoso ángel dorado que irradia una intensa luz dorada. Esta inunda todo tu templo de luz solar y te envuelve en una agradable sensación de calidez y calma. Sientes que todo está bien en tu vida. Percibe cómo esta luz dorada irradia todo tu ser —físico, mental y espiritual—. Siente cómo penetra en las zonas más oscuras de tu alma, donde se halla la depresión, y siente cómo te sana. Toma conciencia de que la enfermedad mitigará y la luz dorada de Jophiel acabará sanándola. Permanece en su gloriosa luz dorada mientras estés cómodo. Te sientes muy seguro y alentado por esta gloriosa luz y sabes que está teniendo lugar una sanación maravillosa.

Cuando estés preparado devuelve la conciencia a tu entorno real e inspira hondo varias veces. Cierra los chakras como se detalla en el capítulo 2, y bebe un poco de agua para anclarte debidamente. Dale las gracias al arcángel Jophiel por su poder sanador y toma conciencia de que este continuará sanándote y llenándote de energía mucho después de que la meditación haya finalizado. No te olvides de apagar la vela.

Debes saber que todo estará bien y que la luz dorada de Jophiel te revelará las causas de la depresión que sufres. Ten presente que te dará el valor y la capacidad de afrontarlo con firmeza y llevará sanación donde haya tinieblas en tu alma.

Deberías consultar siempre a un médico en caso de depresión. Si te han recetado medicamentos, no dejes de tomarlos cuando practiques la meditación en Jophiel. El trabajo que hagas con él dará lugar a una maravillosa sanación, y si entonces crees que puedes vivir sin medicación, deberías dejarla gradualmente bajo supervisión médica. Hablo por experiencia y sé que mi propia sanación fue obra de la magnífica y amorosa ayuda de este bello ángel, y también de la contribución de mi ángel de la guarda.

Confía en la sanación de los ángeles, porque realmente funciona, y ten presente que la luz de los ángeles puede levantar y derrotar a las nubes oscuras. La alegría de vivir volverá, y las nubes oscuras descenderán cada vez menos si perseveras en esta meditación. Hazla cada día a la misma hora para sacarle el máximo provecho.

Capítulo 28

ARCÁNGEL RAGUEL:
AUMENTAR LA CONFIANZA
EN UNO MISMO

Vivir la vida a medias puede tener un efecto muy perjudicial en tu desarrollo y evolución, y hacer que pierdas oportunidades de oro que podrían cosechar éxitos y logros maravillosos. La falta de confianza en uno mismo es un problema del ego, porque es el ego el que carece de seguridad para aferrarse a la vida con corazón confiado y feliz. En su fuero interno, el espíritu tiene toda la confianza que necesitas para llevar una vida plena y gloriosa, pero el miedo es el causante de la falta de confianza en uno mismo y tienes que entender qué temes en realidad. Lo que provoca los sentimientos negativos de la falta de confianza puede ser el miedo a hacer el ridículo o, más frecuentemente, el miedo al fracaso.

Cuando trabajas desde el espíritu interior, el miedo desaparece, porque el espíritu sabe que tienes el poder de conseguir cuanto desees. Puede guiarte para que afrontes problemas delicados y aproveches oportunidades cuando surjan. El espíritu entiende que el fracaso no significa hacer el ridículo ni es el fin de las oportunidades. El supuesto fracaso significa que algo no era para ti en un momento dado, y no pasa absolutamente nada por volverlo a intentar más adelante. El arcángel Raguel te conectará con tu espíritu interior y te envolverá en amor y sanación, lo que traerá confianza a tu corazón y tu mente.

La meditación en el arcángel Raguel te traerá la certeza de que todo está bien en tu vida y de que tienes valor para superar cualquier fracaso que haya. Practicar la meditación en Raguel llevará a tu corazón una nueva confianza, la clase de confianza que solo puede venir de Dios.

Cuando emprendes un nuevo rumbo, siempre te acosa la duda de si desembocará en fracaso. Pero de antemano es imposible saber si tus esfuerzos serán en vano. ¿Por qué iban a serlo? Lo más probable es que triunfes, y con ayuda de los ángeles es muy posible que ese sea el caso. Tu querido ángel de la guarda te acompañará cuando afrontes los retos vitales, ayudándote a superarlos, y te llevará a un estado de felicidad y éxitos. A veces las cosas no salen como esperabas, lo que jamás debería considerarse un fracaso, sino más bien otra oportunidad de oro que puede llevarte en una dirección emocionante que no habías previsto.

Rehuir los desafíos no te llevará a ninguna parte, pero el arcángel Raguel siempre estará a tu lado si le pides ayuda para que te dé la confianza que necesitas para afrontar la vida y asumir los retos que vayan presentándose. Raguel llevará paz a tu corazón y una sensación de bienestar junto con la certeza de que todo está bien en tu vida. Nada puede salir rotundamente mal, si tienes el valor de afrontar los errores sin miedo y con la absoluta certeza de que las supuestas equivocaciones no son más que lecciones que hay que aprender con alegría antes de seguir avanzando.

A nadie le gusta el fracaso, que puede provocar sentimientos de ineptitud y depresión, pero el poder del arcángel Raguel te levantará el ánimo, apartándote de estos sentimientos negativos, y traerá nuevas esperanzas a tu ser, que te animarán a abordar el día a día con renovado entusiasmo y sin miedo.

La persona que experimenta una falta de confianza cree que todas las acciones y decisiones fracasarán, y esto genera una actitud vital muy negativa que atrae negatividad. Si crees que fracasarás, es muy probable que lo hagas, porque no pondrás el alma en el asunto. Tal vez haya un motivo profundamente arraigado para estas creencias negativas. A lo mejor te enseñaron a ver la vida con negatividad y crees que las cosas buenas no te pasan a ti, sino a otras personas que lo merecen más. Son sentimientos destructivos que resultan corrosivos para tu vida, pero el arcángel Raguel puede iluminar estas creencias con su luz de comprensión y dejar que las veas como lo que son: simples creencias negativas sin fundamento. El arcángel Raguel sanará esta negatividad que hay en lo más hondo de tu alma y te envolverá en su luz sanadora para traerte una nueva felicidad y la certeza de que las cosas pueden irte bien, y de que tienes tanto derecho como cualquiera a lograr tus objetivos y vivir experiencias felices.

El arcángel Raguel lleva un amor sanador al alma atemorizada y te permite ver la vida con una actitud positiva. Lleva la sanación al fondo de tu alma, donde yace la negatividad, ¡y una sensación de bienestar y dicha que te permite hacer cosas que nunca creíste posibles! Cuando aceptes la sanación del arcángel Raguel, tu vida tomará un rumbo nuevo y más dichoso del que jamás creíste posible. Los sentimientos de desconfianza disminuirán día a día cuando practiques la meditación en Raguel de este capítulo, y estos sentimientos negativos serán reemplazados por otros de confianza y alegría que traerán a tu vida experiencias fascinantes. El valor sustituirá al miedo y la falta de confianza, y una nueva inspiración y esperanza inundarán tu vida. Tendrás seguridad en ti mismo para ver los reveses como lo que son: simplemente reveses, y no el fin del mundo.

La meditación en el arcángel Raguel contribuirá a desarrollar la chispa divina de Dios que llevas dentro y no conoce el fracaso, y que no puede sino traer un éxito esplendoroso a cuanto haces. Si actúas desde la chispa divina interior siempre triunfarás, porque esta confiere poder divino a todos tus esfuerzos. Colaborando con los ángeles el éxito está garantizado, y la confianza aumentará día a día a medida que practiques la meditación y actúes cada vez más desde la siempre brillante chispa interior divina.

No temas que el fracaso suponga el fin de todos tus sueños, porque Raguel te revelará la dicha de la esperanza positiva y te traerá la certeza de que, con la maravillosa ayuda de los ángeles, llegarás donde quieras. Colaborando con los ángeles, una nueva confianza inundará tu ser y la felicidad llenará tus días. La falta de confianza en ti mismo será cosa del pasado y tu vida adquirirá un ímpetu y un significado nuevos que jamás creíste posibles.

La creencia de que no eres suficientemente válido será reemplazada por la certeza de que sí lo eres, y eres capaz de alcanzar tus sueños más preciados.

La falta de confianza suele impedirte decir lo que piensas en compañía de otras personas, lo que puede dañar seriamente tus relaciones. Tal vez tu falta de confianza te dificulte hacer amigos, pero la meditación en el arcángel Raguel aportará una nueva confianza a esta situación negativa. De nuevo, la falta de amigos suele deberse al miedo —el miedo a que te hagan daño—, lo que a su vez es culpa del ego. Descubrirás que tus relaciones y tus amistades prosperan cuando te sientas seguro participando en conversaciones y aportando tu propio y singular punto de vista.

Practica diariamente la meditación en el arcángel Raguel para aportar esta nueva confianza a tu corazón y convertir tu vida en una aventura dichosa sin miedo ni fracasos. La meditación actúa sobre el ego, que tiene miedo al fracaso y las heridas, y te une con tu ser interior, que sabe que todo está bien y que eres capaz de decir lo que piensas y alcanzar tus sueños.

Tu falta de confianza puede ser consecuencia de una baja autoestima, y el arcángel Raguel puede ayudarte a abandonar tan debilitante creencia. La poca autoestima radica en la creencia errónea del ego de que no vales nada ni importas. El espíritu interior sabe que eres un ser magnífico y bello y que cuentas con el inmenso amor de los ángeles. Para los ángeles y para Dios todos los individuos son importantes; de lo contrario, no estarías aquí. Todos tenemos que desempeñar algún papel en el gran plan del universo y cada cual contribuye al todo de forma exclusiva.

Nadie debería abrigar la creencia de que no vale nada. Los ángeles están a tu lado dándote su amor y su aliento para que llegues a creerte que vales y que eres un ser humano único. Todos lo somos en un sentido muy especial, y el amor de los ángeles hará que aflore esta singularidad y llevará a tu vida la sanación. Lo cierto es que eres muy importante para los ángeles, porque contribuyes a que traigan su poder sanador al mundo.

La baja autoestima suele ser consecuencia de experiencias infantiles que probablemente te hicieron sentir inútil o insignificante. El arcángel Raguel te transmite la verdad de que, cada uno a su manera, todos somos importantes y de que en esta Tierra no hay nadie indigno. Trae la sanación a tu alma junto con la creencia de que eres un ser espiritual magnífico. La confianza en ti mismo y una buena autoestima son los estados naturales de tu

ser, y, cuando los ángeles te los devuelvan, podrás exprimir la
vida al máximo feliz y provechosamente.

ORACIÓN AL ARCÁNGEL RAGUEL

Queridísimo arcángel Raguel, agradezco tu ayuda para superar
mi falta de confianza en la vida y soy consciente de que tu maravillosa energía y tu amor están siempre a mi alcance cuando los
necesito. Rezo y agradezco que puedas llevarte mis miedos y ayu-
darme a crear una vida feliz y edificante.

MEDITACIÓN EN EL ARCÁNGEL RAGUEL
PARA GANAR CONFIANZA EN UNO MISMO

Siéntate cómodamente frente a tu altar angelical, ya sea en el suelo o en una silla. Enciende una vela en él para tener presente la
lucecita que brilla en tu interior y que forma parte del poder divino. Reza la oración al arcángel Raguel e inspira hondo varias
veces para tranquilizarte antes de hacer el ejercicio de relajación
como se detalla en el capítulo 2. Imagínate que estás en tu templo
interior, donde tu ángel de la guarda te recibe con los brazos
abiertos y te envuelve en una gloriosa luz dorada. Estás protegido
y a salvo en tu templo interior y sabes que la meditación en el arcángel Raguel traerá a tu vida felicidad y éxitos.

Imagínate ante ti a un ángel soberbio con ropaje dorado e
irradiando un bella luz dorada. Esta te envuelve en un cálido resplandor y eleva tu espíritu proporcionándote una sensación de
seguridad y alegría. Siente cómo la luz del arcángel Raguel penetra en lo más hondo de tu alma, donde residen el miedo y la falta
de confianza, y toma conciencia de que poco a poco va derritien-

do estos sentimientos, dejándote una sensación de felicidad y confianza en tu vida. El arcángel Raguel te transmite la verdad de que eres suficientemente válido, y de que tienes grandes habilidades y el poder de conseguir cuanto te propongas. El miedo y la falta de confianza pertenecen al pasado, y con el arcángel Raguel a tu lado puedes conseguir grandes cosas y hacer todos tus sueños realidad. Te sientes muy sereno y feliz bañado por la luz dorada de Raguel.

Permanece en esta luz mientras estés a gusto y luego devuelve la conciencia a tu entorno real. Dale las gracias al arcángel Raguel por su trabajo y su amor por ti. Haz unas cuantas inspiraciones profundas y a continuación cierra los chakras como se detalla en el capítulo 2. Bebe un poco de agua para anclarte aún más, ¡y no te olvides de apagar la vela!

Cada vez que el miedo o la falta de confianza vuelvan, no tienes más que imaginarte al arcángel Raguel junto a ti y sentirás una nueva oleada de confianza en tu capacidad de alcanzar grandes logros. Además, tu ángel de la guarda está siempre contigo para darte esa confianza adicional cuando la necesites, y te ayudará a superar los momentos difíciles. Ahora tienes el valor de comunicarte abiertamente con la gente, mientras que en el pasado te reprimías. Te sientes seguro interactuando socialmente, y tus relaciones y amistades prosperan. Una de las peores cosas de la falta de confianza es que puede apartarte de la gente y limitar las amistades. Con ayuda del arcángel Raguel, ahora puedes disfrutar de unas relaciones buenas y desterrar para siempre la soledad y la sensación de aislamiento.

Las siguientes afirmaciones pueden brindar una ayuda adicional en tu lucha contra la falta de confianza en ti mismo y la baja autoestima:

Valgo mucho y exprimo la vida al máximo.

Confío en mis capacidades.

Soy único y valioso.

Presto una ayuda inestimable a los ángeles,
quienes valoran mis capacidades únicas.

Toma conciencia de que la falta de confianza pertenece al pasado. Ahora puedes avanzar con toda la confianza necesaria para desarrollar tu verdadero potencial y vivir una vida gratificante y dichosa.

Capítulo 29

ÁNGELES:
BUSCAR AYUDA INDIVIDUAL
Y ENVIAR AMOR AL MUNDO

A los ángeles del noveno coro se los conoce simplemente como ángeles e incluyen a nuestros ángeles de la guarda, que nos acompañan durante toda la vida. También están en estrecho contacto con la naturaleza, y son los que protegen y estimulan la floración y el crecimiento de todas las plantas y los árboles. En este sentido trabajan codo con codo con las virtudes.

Los ángeles ofrecen protección y asesoramiento, y se ocupan especialmente de las cuestiones que afectan a cada ser humano. Si has vivido una «experiencia angelical» probablemente se te apareciera uno de estos ángeles.

Trabajan sin tregua para llevar el amor divino a los corazones de toda la humanidad. El amor es el mayor sanador y los ángeles sienten un amor de lo más profundo hacia toda la humanidad, sin atender a su religión o a si alguien es bueno o «malo». Enviar amor angelical al mundo es la labor más gratificante que puedes hacer. Cuando sintonizas con estos ángeles, sientes un amor y una compasión inmensos hacia toda la humanidad y la creación. Cuando experimentas en tu corazón el auténtico amor divino, sientes el deseo de enviarlo al mundo, que tan desesperadamente lo necesita para ayudar a los afligidos a superar cualquier situación que estén sufriendo en la vida. El amor sana los corazones y las mentes heridos de la humanidad. Es el más potente de los sanadores y puede proporcionar un gran consuelo a la gente que está desesperada, destrozada por los conflictos, sin hogar, desconsolada, cansada o afligida.

El amor de los ángeles llevará esperanza a aquellos que están indefensos y desesperados, una energía y un entusiasmo renovados a aquellos que están cansados, e inspiración y sanación a aquellos que están abatidos y deprimidos.

Este amor de los ángeles es muy poderoso y puede obrar milagros en vidas desgarradas por influencias negativas. Quizá parezca una labor ineficaz, puesto que muchísima gente en el mundo necesita esta ayuda angelical, pero tu colaboración con los ángeles sanará a alguien en algún lugar.

Si estás hundido, desesperado o sumido en la desesperanza, la meditación en los ángeles de este capítulo traerá a tu vida una nueva vitalidad y despertará la inspiración y el amor de tu corazón para que lleves una vida plena y emocionante.

Si te paras a pensar en la crueldad y la injusticia que hay en el mundo, puede que enviar amor angelical parezca un esfuerzo inútil, pero la labor de los ángeles nunca es en vano y, tarde lo que tarde, al final siempre triunfa.

Cuando envíes amor y luz angelical, nunca pienses en una persona o grupo de gente concretos. Concéntrate siempre en enviar únicamente este inmenso amor al mundo y los ángeles harán el resto, porque sabrán dónde hace más falta.

Ten la seguridad de que los ángeles tocarán a alguien, en alguna parte, y elevarán su espíritu. El trabajo será mucho más intenso a través del tuyo desde el plano terrenal. Tu esfuerzo nunca será en vano, jamás, porque la labor angelical es poderosa y siempre hace el bien en algún lugar.

Estos ángeles son los que se aparecen más a menudo a la humanidad para prestar su ayuda. Suelen aparecerse como personas normales que en un momento dado echan una mano y desaparecen tan deprisa como han venido. Cuando se van, te preguntas quiénes eran y entonces caes en la cuenta de que eran ángeles.

Son los que brindan ayuda a diario para que podamos superar los pequeños problemas y tribulaciones de la vida. Nada es demasiado insignificante para que los ángeles te echen una mano, y además trabajan estrechamente con tu ángel de la guarda para traerte sanación, inspiración y elevar tu espíritu. Invócalos cuando necesites ayuda por la razón que sea, y notarás la suave caricia de las alas angelicales, que te guiarán por un camino positivo. Los ángeles también te traerán mensajes, de modo que estate siempre receptivo a los pensamientos e ideas que te asalten. Si son positivos y te producen una sensación agradable, lo más seguro es que vengan de los ángeles.

Cuando colaboras con los ángeles para enviar amor al mundo, estás despertando la chispa divina del centro de tu ser, y eso puede incidir profundamente en tu vida. Enviando amor, atraes amor y elementos positivos, lo que solo puede redundar en una vida mejor y más gratificante. Enviar el amor de los ángeles es el trabajo más gratificante que hay para el alma, y te sentirás más pleno e inspirado conforme perseveres en esta labor. Practica la meditación de este capítulo una vez a la semana, si a diario es demasiado, y ten presente que estás influyendo poderosamente en el mundo. El placer que obtienes colaborando así con los ángeles te cambiará la vida, y el amor que envíes te volverá multiplicado por diez.

ORACIÓN A LOS ÁNGELES

Queridos ángeles, reveladnos vuestro inmenso amor hacia toda la humanidad y ayudadnos a alimentar este amor en nosotros mismos. Agradecemos poder ayudaros en vuestra misión de traer el amor divino a toda la humanidad para paliar el sufrimiento y la desesperación.

MEDITACIÓN EN LOS ÁNGELES
PARA ENVIAR SU AMOR AL MUNDO

Siéntate cómodamente con la espalda recta y enciende tu vela. Concéntrate en la llama unos instantes y ten presente la chispa de amor divino que habita en tu fuero interno. Reza la oración a los ángeles para focalizar la mente en la labor que te dispones a realizar. Haz el ejercicio de relajación detallado en el capítulo 2 y luego cierra los ojos e imagínate que estás en tu propio templo especial. Tu ángel de la guarda te recibe con los brazos abiertos y te envuelve en una agradable luz dorada. Se coloca detrás de ti con las manos sobre tus hombros para brindarte ayuda y apoyo durante la meditación.

Contempla ante ti a un soberbio ángel bañado en una luz de color rosa, la luz del amor. Siente cómo te envuelve y penetra en todas las células de tu ser. Te sientes lleno de energía y te concentras con intensidad en el amor especial de este ángel. Siéntete lleno de amor hacia toda la humanidad y envía este amor al mundo en forma de luz maravillosa que sana y eleva los espíritus donde hay sufrimiento, dolor y desesperación. Realizando esta labor, estarás llevando luz donde hay tinieblas y ayudando a los ángeles a despertar la chispa divina que hay en cada uno de nosotros. Retén esta sensación de enviar amor y luz al mundo mientras te resulte agradable.

Si estás especialmente afligido, desesperado o tan solo un poco chafado, siente cómo esta luz de color rosa inunda todas las células de tu ser, llevando aliento y sanación. Debes saber que nunca estás solo y que los ángeles están siempre junto a ti, llevando esperanza y aliento a tu alma. Dales las gracias a los ángeles por poder colaborar en su labor enviando amor al mundo, y da también las gracias por la sanación que llevan a tu alma.

Cuando estés preparado, concéntrate de nuevo en tu respiración y toma conciencia de tu entorno real. Cierra los chakras como se detalla en el capítulo 2 para anclarte y protegerte. Bebe un poco de agua, ¡y no te olvides de apagar la vela!

El objetivo de nuestras vidas es trabajar con los ángeles y colaborar con ellos en su misión de traer amor divino y sabiduría a toda la humanidad. Esa es la labor que nuestro espíritu anhela y que puede procurarnos la mayor de las satisfacciones y recompensas, además de una profunda sanación en nuestras propias vidas.

Capítulo 30

REFLEXIONES

Colaborar con los ángeles, ya sea para sanar nuestras propias vidas o ayudar a llevar sanación a la humanidad, es una labor a la que el alma se adapta sin dificultad, porque trabajar así en equipo con los ángeles es la finalidad de nuestro ser. Dicha labor nos ayuda a encontrar la chispa divina que llevamos dentro, uniéndonos de este modo con nuestro espíritu más profundo. Mediante la colaboración con los ángeles, nuestro espíritu es capaz de manifestarse cada vez más en nuestra personalidad para llevar felicidad y alegría, y un propósito enriquecedor a nuestras vidas. Esta meta es lo que buscan nuestras almas, y los ángeles ya están exultantes con solo que una persona de la Tierra responda, porque es asombroso lo que un único individuo puede lograr trabajando con ellos. Recuerda que en nuestro interior tenemos un inmenso poder espiritual que puede ayudarnos a conseguir las cosas más increíbles. Este poder, encauzado por los ángeles, puede llevar sanación al mundo, al reino animal, y, por encima de todo, a nuestras vidas cotidianas. Este poder, que está en el centro de nuestro ser, puede obrar milagros en nuestra vida cuando lo perfeccionamos con ayuda de los ángeles.

Al enviar la luz sanadora de los ángeles al mundo estás dando un toque mágico a las vidas de muchas personas que de otro modo jamás conocerían la realidad de los ángeles. Esta labor puede abrir sus mentes al contacto de los ángeles y aumentar la conciencia del reino angelical que está ahí esperando a que los corazones humanos entren en contacto con él.

Elijas la labor que elijas de este libro, ten la seguridad de que incidirá profundamente en alguna parte del mundo, ya que cualquier trabajo angelical es capaz de llevar la magia y la alegría a infinidad de vidas. Tal vez tengas la sensación de que no estás haciendo nada, pero en realidad estarás consiguiendo muchas cosas. Los ángeles estarán exultantes por tu compromiso, que hace su labor mucho más intensa y productiva.

Esta labor servirá también para que abras el chakra del centro de tu corazón y entres en contacto con la chispa divina que habita en tu interior. Eso le proporcionará a tu alma una alegría indescriptible y te ayudará a evolucionar espiritualmente, lo que no puede sino procurarle a tu alma una honda satisfacción. Descubrirás que tu vida es más feliz y que tienes una actitud más positiva, y las cosas irán mejor. Atraerás felicidad y cosas positivas a tu vida, porque cuando colaboras con los ángeles puede pasar de todo, ¡y así suele ser!

De hecho, la magia de los ángeles se manifestará en tu vida y tendrá lugar una sutil sanación con respecto a los problemas que sufres. Los ángeles son nuestros más preciados amigos y están siempre con nosotros. Jamás nos abandonan, ni siquiera cuando tocamos fondo. Están ahí dispuestos a levantarnos y sostenernos en nuestros peores momentos.

Valora las amistades y los vínculos que estableces con tu colaboración angelical, y descubrirás que tu vida mejora muchísimo. Una nueva felicidad te pintará el alma y traerá renovada inspiración y alegría a tu vida cotidiana. Disfruta de tu trabajo con los ángeles, ¡y la alegría se plasmará en tu vida de formas milagrosas!

LISTA DE
ÁNGELES SANADORES

Si quieres llevar sanación al mundo o a ti mismo, simplemente invoca a los ángeles pidiendo ayuda. Aquí tienes una lista de los distintos ángeles y arcángeles, y los tipos de sanación en que se especializa cada uno.

SERAFINES

Jerarquía: Primera

Coro: Primero

Función sanadora: Enviar amor y apoyo a aquellos implicados en cualquier catástrofe que se produzca, sea natural o un acto terrorista. La sanación está dirigida a sanar el dolor y el trauma tanto de los que colaboran en las tareas de rescate como de las víctimas.

QUERUBINES

Jerarquía: Primera

Coro: Segundo

Función sanadora: Protección ante la sensación de amenaza. Si te encuentras en una situación negativa o amenazante y quieres protección, invoca a los querubines.

Romper el círculo vicioso de la negatividad. Los querubines traen la energía y el calor del sol a nuestras vidas para transmutar el letargo y los sentimientos negativos en energía gozosa y entusiasmo por la vida.

TRONOS

Jerarquía: Primera

Coro: Tercero

Función sanadora: Sanar conflictos interpersonales y devolver la armonía y la felicidad a tu vida. Los tronos te darán inspiración e ideas para conocer a personas afines a ti. Colaborar con ellos le dará sentido a tu vida y atraerá nuevas amistades.

DOMINACIONES

Jerarquía: Segunda

Coro: Cuarto

Función sanadora: Hallar sabiduría interior. Las dominaciones te ayudarán a acceder a ese amor, sabiduría y paz maravillosos de tu espíritu interior. También se ocupan de todas las organizaciones religiosas de la Tierra, y llevan su sabiduría divina a los líderes religiosos y también a los dirigentes políticos.

VIRTUDES

Jerarquía: Segunda

Coro: Quinto

Función sanadora: Ayudar a sanar y salvaguardar el planeta. Las virtudes llevan la luz de la sabiduría a aquellos que ostentan cargos de poder en el mundo para agudizar su concienciación sobre los problemas medioambientales. Tienen la Tierra entera a su cuidado, y trabajan incansablemente para sanar el planeta.

Llevar armonía al mundo y paz donde haya conflicto. Las virtudes traen su amor sanador para influir en los líderes mundiales donde hay discordia, guerra y conflicto a escala nacional o internacional.

POTESTADES

Jerarquía: Segunda

Coro: Sexto

Función sanadora: Combatir el mal en el mundo. Las potestades hacen que aflore la bondad que descansa en lo más hondo del corazón humano y erradican la negatividad, o el mal, en todas sus formas.

Eliminar bloqueos emocionales negativos que se interponen en tu camino espiritual. Las potestades pueden ayudarte a desbloquear la energía negativa que te impide avanzar y llevarte a un estado de comprensión, amor y perdón.

PRINCIPADOS

Jerarquía: Tercera

Coro: Séptimo

Función sanadora: Proteger a las especies en peligro de extinción. Los principados prestan su apoyo a todas aquellas organizaciones e individuos que se dedican a la protección animal. Asimismo actúan en los corazones de aquellos que pescan y cazan especies varias, haciendo peligrar su supervivencia en libertad.

Fomentar los derechos humanos y erradicar la discriminación. Los principados pueden hacernos entender que, detrás del ego, todos somos iguales y no hay nada que temer.

Llevar energía positiva a nuestros pueblos y ciudades. Los principados actúan combatiendo la energía negativa de las ciudades y se afanan en hacer aflorar la bondad positiva de todos los ciudadanos de forma creativa y armoniosa.

ARCÁNGEL MIGUEL

Jerarquía: Tercera

Coro: Octavo

Función sanadora: Proteger a los débiles y luchar contra la injusticia. El arcángel Miguel puede ser útil si de algún modo te sientes vulnerable o si has sido víctima de una injusticia. Su amor y su energía pueden aportar una solución y contribuir a llevar el perdón a tu corazón, que es el único camino seguro hacia una sanación positiva.

ARCÁNGEL RAFAEL

Jerarquía: Tercera

Coro: Octavo

Función sanadora: Sanar dolencias y enfermedades, en humanos y animales. La meditación en el arcángel Rafael llevará a tu cuerpo el poder sanador divino y también contribuirá a disipar el miedo que una enfermedad grave puede producir, llevando a tu corazón una nueva confianza en tu recuperación.

ARCÁNGEL URIEL

Jerarquía: Tercera

Coro: Octavo

Función sanadora: Ayudarte a encontrar un rumbo en la vida y darte confianza para perseguir tus sueños. El arcángel Uriel te infundirá valor para adoptar medidas para cambiar tu vida y perseguir tus sueños con actitud positiva.

ARCÁNGEL GABRIEL

Jerarquía: Tercera

Coro: Octavo

Función sanadora: Ayudarte a hacer con facilidad grandes cambios vitales. El amor y la energía del arcángel Gabriel pueden contribuir a que las cosas fluyan, y pueden ayudarte a estar tranquilo y tener fuerzas para afrontar el período de transición.

Sanar la ansiedad. La ansiedad se retroalimenta, pero el poder del arcángel Gabriel te dará fuerzas para liberarte de sus garras y valor para hacer frente a tus quehaceres y problemas.

ARCÁNGEL CHAMUEL

Jerarquía: Tercera

Coro: Octavo

Función sanadora: Ayudar en el camino espiritual. El arcángel Chamuel te guiará y conducirá hasta el camino que mejor se ajuste a tus necesidades, y estará siempre a tu lado susurrándote palabras de aliento e inspiración.

Atraer abundancia y prosperidad a tu vida. La meditación en el arcángel Chamuel contribuirá a sanar cualquier creencia negativa sobre el dinero que tengas, y te traerá la prosperidad que tanto mereces y a la que tienes derecho como criatura del universo.

ARCÁNGEL JOPHIEL

Jerarquía: Tercera

Coro: Octavo

Función sanadora: Encontrar inspiración creativa y valorar la belleza. Tu vida adquirirá un significado nuevo cuando el arcángel Jophiel te revele talentos y dones latentes que puedes cultivar para crearte una vida más gratificante y hermosa.

Sanar la depresión. El arcángel Jophiel traerá su inmenso amor para sanar tu alma si estás deprimido o abatido por algo, y la meditación regular en él te levantará el ánimo, sacándote de las tinieblas, y llevará de nuevo la alegría a tu corazón.

ARCÁNGEL RAGUEL

Jerarquía: Tercera

Coro: Octavo

Función sanadora: Ganar confianza en uno mismo. El arcángel Raguel te levantará el ánimo y llevará a tu ser nuevas esperanzas que te animarán a abordar tu día a día con renovado entusiasmo y sin miedo.

LOS ÁNGELES

Jerarquía: Tercera

Coro: Noveno

Función sanadora: Ayudar cuando hay problemas individuales. Los ángeles son los que echan una mano a diario para ayudarnos a superar los pequeños problemas de nuestras vidas. Los ángeles también te traen mensajes, de modo que estate siempre receptivo a los pensamientos e ideas que te asalten.

Enviar amor al mundo. Cuando colaboras con los ángeles para enviar amor al mundo, estás despertando la chispa divina del centro de tu ser, y eso puede incidir profundamente en tu vida. Enviando amor, atraes amor y cosas positivas, lo que solo puede redundar en una vida mejor y más gratificante.

PARA ESCRIBIR A LA AUTORA

Si deseas contactar con la autora o quieres más información sobre este libro, escribe, por favor, a la autora a la atención de Llewellyn Worldwide Ltd., y le haremos llegar tu solicitud. Tanto la autora como la editora estarán encantadas de atenderte y de saber si has disfrutado con este libro y de qué manera te ha ayudado. Llewellyn Worldwide Ltd. no puede garantizar que todas las cartas dirigidas a la autora puedan contestarse, pero sí le serán remitidas. Se ruega escribir a:

Patricia Papps
c/o Llewellyn Worldwide
2143 Wooddale Drive
Woodbury, MN 55125-2989

Se ruega adjuntar un sobre, con sello, nombre y dirección para la respuesta, o un dólar para cubrir gastos. Si se escribe desde fuera de Estados Unidos, adjuntar un cupón de respuesta internacional.

NUESTRO ECOSISTEMA DIGITAL

NUESTRO PUNTO DE ENCUENTRO
www.edicionesurano.com

Síguenos en nuestras Redes Sociales, estarás al día de las novedades, promociones, concursos y actualidad del sector.

 Facebook: mundourano

 Twitter: Ediciones_Urano

 Google+: +EdicionesUranoEditorial/posts

 Pinterest: edicionesurano

Encontrarás todos nuestros *booktrailers* en YouTube/edicionesurano

Visita nuestra librería de *e-books* en www.amabook.com

Entra aquí y disfruta de 1 mes de lectura gratuita

www.suscribooks.com/promo

Comenta, descubre y comparte tus lecturas en **QuieroLeer®**, una comunidad de lectores y más de medio millón de libros

www.quieroleer.com

Además, descárgate la aplicación gratuita de **QuieroLeer®** y podrás leer todos tus *ebooks* en tus dispositivos móviles. Se sincroniza automáticamente con muchas de las principales librerías *on-line* en español. Disponible para **Android** e **iOS**.

https://play.google.com/store/apps/details?id=pro.digitalbooks.quieroleerplus

iOS

https://itunes.apple.com/es/app/quiero-leer-libros/id584838760?mt=8